満洲のミラクル

昭和20年8月17日

（康徳12年、1945年）

民族協和・扎蘭屯《ジャラントン》

源　元一郎

扎蘭屯駅舎と給水塔

鳥影社

昭和二十年（康徳十二年、一九四五年）八月十七日
その時、私はそこ扎蘭屯にいた。

神戸から船は出た。
大連の空はあくまで青く、紺青の海に満人の漁舟が一隻、
漁夫が魚を手にかざして、にこやかな笑顔で歓迎してくれた。
空の青と海の青、満人の漁夫の笑み、
これが私の満洲の忘れることのできない第一印象であった。
超特急のアジア号の食堂では、なんと好物の刺身が出た。
新京観光、何故か大同広場の残像だけが脳裏に残っている。
扎蘭屯までの汽車、大平原の真中で停車、
降りて野の草をつむ。広い広い大地。
扎蘭屯で長い鞭を振る満人の御者の馬車に乗って、
父の宿舎まで雪どけの道を走った。
この日から私の満洲は始まった。

満洲のミラクル

昭和二十年八月十七日

（康徳十二年、一九四五年）

民族協和・扎蘭屯《ジャラントン》

目次

満洲のミラクル

昭和二十年八月十七日

（康徳十二年、一九四五年）

民族協和・扎蘭屯《ジャラントン》

1　ロシア帝国、東への道

ドン・コサック、ウラルを越える

一五八一年であった。

イワン四世のお眼鏡にかなった塩商人ストロガノフは、ドン・コサックの隊長エルマクをやとい、ウラル山脈を越えてシビル汗国《ハンこく》に侵入させた。

翌年一五八二年には、エルマクはシビル汗国の首都シビルを占領し、ストロガノフはこの土地をイワン四世に献上した。イワン四世は大変よろこび、一五八四年に軍隊を送りトポリスクに城をつくり、一五九八年シビル汗国は滅ぼされてオビ河流域がロシア帝国の領土となった。一六一九年、コサック隊はエニセイ河に入りエニセイスクに城をつくり、一六三二年には、レナ河の中流にヤクーツクの基地を設け、一六四二年にロシア帝国はここにヤクーツク政庁を置いて、東方への前進基地とした。

黒龍江がロシア帝国の視野に入った

一六四三年、ヤクーツク知事は黒龍江の存在を知って、ポヤルコフにその流域の探険を命じた。

ポヤルコフはスタノボイ山脈を越え、翌一六四四年に黒龍江に至り、探査を続け一六四六年にヤクーツクに帰った。三年余りの苦難の旅で一三二名の隊員は三分の一になっていた。

ポヤルコフは黒龍江流域には農耕に適した土地が広がっていること、それに無主の土地であると報告した。

この一六四四年は中国では、清王朝が北京で成立した年で、清国の威令は黒龍江までは行き渡っておらず、ロシア帝国はポヤルコフの無主の土地の報告をうけて、これをロシア領と宣言した。

黒龍江でロシア帝国と清国が衝突

ポヤルコフのあとをついで、ハバロフが一六四九年黒龍江に入り、一六五一年九月には黒龍江を下って黒龍江とウスリー江の合流点で、アーチャン人の部落を占領し、そこにアーチャン砦《とりで》をきずいた。ロシア人に追われたアーチャン人は清国に助けを求めた。

翌一六五二年、清国の寧古塔将軍海塞はアーチャン砦を攻めたが撃退された。しかし、清国軍を破ったハバロフも弾薬が不足したので砦をすてて黒龍江上にとどまっていたけれど、住民への暴行の罪で本国ロシアに呼びもどされた。

ハバロフに代わって黒龍江流域の司令官となったステバノフは、船団を組んで黒龍江、松《しょう》花江《かこう》、ウスリー江を航行した。

これを知った清国の寧古塔将軍サルフダは、一六五四年四月に松花江上でステバノフの船団をうち破り、ロシア軍は流れをさかのぼって退却した。

ロシア軍は一度は逃げ去ったけれど、再び松花江周辺に現われ略奪を重ねたので、一六五八年、清国の寧古塔将軍サルフダは船団を率いて出撃し、松花江と黒龍江の合流点よりやや上流の黒龍江でロシア船隊を全滅させ、ステバノフは戦死した。

この年、エニセイスク知事バンコフはダウリア知事に任命され、ネルチンスクに城を築いた。

一六六〇年にサルフダの子寧古塔将軍巴海がネルチンスクを攻め、ロシア軍はネルチンスクから撤退して黒龍江上からロシアの船団は姿を消した。

しかし、一六六六年、ロシア軍はアルバジンとネルチンスクに城をつくり、勢力の拡大を計った。

清国では一六七〇年、康熙《こうき》帝が八歳で即位し、これより清朝の隆盛期を迎えることになった。

ロシア帝国、ネルチンスク条約で大きく後退する

一六八二年、清国はサブスを黒龍江将軍に任命し愛琿《あいぐん》に城を築かせ、食糧を備蓄しロシア軍に備えた。

一六八五年、清国の攻撃でアルバジン城は孤立し、清国は降伏をすすめたが従わなかったので、六月に水陸一万余の兵力で攻めたてた。しかし、アルバジン城は落ちず、両軍は停戦交渉を行い、ロシア軍がネルチンスクに撤退するということになった。清軍はロシア軍の去ったアルバジン城を破壊して引きあげた。

ネルチンスクに引きさがったロシア軍に西部シベリアから援軍が到着し、八月にはロシア軍はアルバジンにもどって城をふたたびつくりあげた。

ロシア軍がアルバジンを基地に周辺を荒らしはじめたため、一六八六年、清国は黒龍江将軍サブスに水陸の兵三〇〇〇と一五〇隻の軍船を与えアルバジンを攻めさせた。この清軍の攻撃に耐えて、アルバジンのロシア軍はネルチンスク条約の成立まで城を守り通した。

ロシア側は強大な清国との争いは得策でないと考え、この年の十月に清国に特使を送り和議を申し入れた。

話し合いを重ねて、一六八九年八月にネルチンスクで講和会議が始まり、八月二十九日にネルチンスク条約が調印された。

この時、清国は南方での呉三桂《ごさんけい》の乱を鎮圧し、兵力を北に向けることができたので、ネルチンスクの会場周辺に一万二〇〇〇の兵を置いたが、ロシア側はわずか二〇〇〇の兵を備えて会議に臨むことになった。

こうして講和は清国の強大な軍事力を前に、ロシア帝国が清国の要求をすべて認めることになった。

この条約で黒龍江の全流域を含む土地が清国の領土となった。ただ清国はロシア帝国の要望を認め、ネルチンスクをロシア帝国に譲ったけれど、ネルチンスクは元々清国の領土ではなかった。

清国はアルバジン地域、さらにアルダン河とスタノボイ山脈までを自領とし、この地域からロシア人は追い出されたのであった。

清国は黒龍江流域を黒龍江省に入れ、愛琿に黒龍江将軍を置いたが、一六九九年、黒龍江将軍をチチハルに移した。

これから約一七〇年の間、清国とロシア帝国の間での国境での争いは見られなく平穏な歳月が流れた。

清国の衰退と愛琿条約の締結

清国では一八四〇年、アヘン戦争にまき込まれるなど国力を失いつつある中で、ロシア帝国はヨーロッパでの争いで英仏を敵にまわし、東アジアでも英仏の連合艦隊と激しい戦いをくりひろげた。

一八四七年、ロシア皇帝ニコライ一世はフーラ県知事ムラビヨフを東シベリア総督に任命して、東シベリアの勢力の回復を命じた。

ムラビヨフはネルチンスク条約で失った黒龍江流域に公然と船団を入れ、露清国境改訂交渉の全権委員となった。

一八五五年にはニコライ一世が没しアレクサンドル二世があとをつぎ、ムラビヨフは一八五六年、対清新条約締結の全権大使を命じられた。

ムラビヨフは一八五四年から一八五七年にかけて四回黒龍江に船団を入れて航行したが、それに対して特に対抗をする国力を清国は失っていた。

清国が国境を守る兵力を失っているのを知ったムラビヨフは、北京で清国との国境を定める会議を清国に申し入れたが、清国はロシア帝国の使節が北京に入るのを許さなかった。

そこで愛琿で黒龍江将軍奕《えき》山との交渉となった。会談はなかなかすすまずムラビヨフはおどしの砲撃を行うなどして、ようやく一八五八年五月、愛琿条約が成立した。

条約で、
1、黒龍江左岸（北岸）一帯をロシア領とする。
2、ウスリー江以東の沿海州を露清両国の共有とする。
3、黒龍江、松花江、ウスリー江の航行権を露清両国に限定する。
と定めたが、北京の清朝はこれを認めなかった。

同じ五月、ロシア艦隊司令官プチャーチンは英仏米国の公使と共に天津に入り、六月清国との間に天津条約を結んだ。

これによってロシア帝国は清国の開港地に領事館を置き通商すること、そして清国との間で国境を定める約束をとりつけた。

英仏連合軍は北京に入城しようとしたが、清軍にはばまれたので清軍と戦って破り、太《タア》沽《ク》、天津を占領し、一八六〇年十月に北京に入城し占領した。

清国皇帝は熱河《ねっか》の離宮に難をさけ、ロシア帝国の清国駐劄《さつ》公使イグナティエフは好機が来たと、英仏連合軍と清朝の間に入って調停に乗り出し、両者の講和を成立させた。

その上で清国に、「英仏連合軍を北京から天津にしりぞかせたのはロシア帝国であり、再び英仏連合軍を北京に呼びもどすのは簡単だ。」と圧力をかけた。

こうして一八六〇年十一月、北京条約がロシア帝国の要求を清国がすべて受け入れる形で調印された。

清国はウスリー江より東の沿海州をロシア帝国に割譲し、愛琿条約を認めた。

ロシア帝国、シベリア鉄道建設へ

北京条約でロシア帝国は清国との間に、シベリアの領有についての争いがほぼ結着したので、本腰を入れてモスクワ、ウラジオストーク間の鉄道建設を始めることになった。

建設に入る前、一八八一年にロシア帝国は清国とイリ条約を結び、イリより西方をロシア帝国領とした。

一八九一年三月十七日、ロシア帝国は正式に勅書でモスクワからウラジオストークまでのシベリア鉄道の建設を定めた。

この年の五月三十一日、ロシア皇太子の立会いでウラジオストークでシベリア鉄道の起工式が行われた。

鉄道の建設は、一八九三年八月にはウラジオストークとニコリスク間が開通し、一八九七年にはハバロフスクに至るウスリー鉄道となった。

一方、西方でも一八九一年、ウラル山脈沿いのチェリアビンスクからオムスクまでの鉄道建設が始まり、一八九七年にはイルクーツクに達した。

こうしてシベリア鉄道をバイカル湖畔のイルクーツクからウラジオストークまで連絡させ完通させるのが、ロシア帝国のアジア政策の大きな目標となった。

２日清戦争がロシア帝国を満洲に進出させた

日清戦争と三国干渉

韓国をめぐる争いで清国と日本が一八九四年八月から一八九五年三月まで戦った。

この戦いで日本が勝利し、日清講和条約が一八九五年四月十七日調印されて、次のように取り決められた。

1、清国は韓国の完全独立を認める。
2、遼東半島、台湾全島並びにその附属島、及び澎湖《ほうこ》島を日本に割譲する。
3、償金として銀二億円を日本に支払う。

などである。

ところが満洲に日本が進出するのを恐れたロシア帝国は、ドイツ、フランスの協力を得て、三国で日本に遼東半島を清国に還付するよう勧告した。日清講和条約を調印した六日後の四月二十三日であった。

日本政府は三国を相手に争うだけの戦力もなく、涙をのんで清国に遼東半島を返還した。

ロシア帝国、東清鉄道建設へ

一八九六年になり、ロシア帝国のニコライ二世の戴冠式に、清国はロシア帝国が遼東半島返還などに尽力してくれたことへの感謝の意をこめて、特派大使として李鴻章《りこうしょう》を送った。

李鴻章は四月三十日にペテルブルグに到着した。

ちょうどこの日、北京では、ロシア帝国の北京駐在公使カッシニ伯が清国の慶親王《けいしんのう》などと三時間にわたって満洲通過の鉄道建設について会談していたが結論に至らなかった。

しかし李鴻章はモスクワで五月二十二日、俗にカッシニ伯密約といわれる露清条約を締結した。

それは次のようなものであった。
1、清国はロシア帝国に、黒龍江省、吉林省を経てウラジオストークに達する鉄道敷設権を与える。
2、その敷設、経営は露清銀行が当たる。

3、総弁は清国側とする。

4、鉄道は東清鉄道という。

5、ロシア帝国は鉄道附属地について、絶対的かつ排他的行政権を持つ。これは事実上、ロシア帝国の領土とみなしたものである。

6、有効期限は一五年間とする。

条約での露清銀行は、一八九五年ロシア帝国が清国での経済活動を広げる目的で、フランスの支援を得て十一月二十三日、パリのロシア大使館で露清銀行と名づけられた銀行の定款にフランス側の創立者などが署名し、十二月十日に批准された。

露清銀行は一八九六年九月二十八日に改組され、露清の合弁事業とする協定が清国との間に結ばれた。露清の合弁といわれたが、実際は、実権は完全にロシア帝国側に握られていた。

すでに九月八日にはベルリンで、清国と露清銀行の間で取り交わされた「東清鉄道の建設及び経営に関する契約」が、駐露清国公使許景澄《きょけいちょう》と露清銀行総裁ウフトムスキー侯によって調印されていた。

契約は一二条からなっていて、

1、東清鉄道会社の設立

2、レールの幅をロシア鉄道と同じ五フィートとする。
3、鉄道附属地の絶対かつ排他的行政権を会社が持つこと。
4、附属地の不動産税、会社の収入の税は免税とする。

などであった。

東清鉄道の建設を施工する東清鉄道会社は一八九七年三月一日に設立されて、駐露清国公使許景澄を総裁に、ロシア鉄道の長老ケルベツが副総裁に就任したが、実権は完全にロシア側にあった。

本社をペテルブルグに、支社を北京に、さらに鉄道局をハルビンに置いた。

東清鉄道の起工式は一八九七年八月二十九日、吉林省の綏芬《すいふん》河に注ぐ東寧県三岔口《さんたこう》で行われた。実際に建設工事が始められたのは、一八九八年六月十日で、ハルビンから着工されこの日をハルビン誕生の日とする。

ロシア帝国、遼東半島を租借する

ロシア帝国はずっと不凍港を求めて南下政策をすすめてきたが、満洲に進出して日本が三国干渉で清国に返還した遼東半島に着目していた。

一八九七年八月、ドイツ皇帝とロシア皇帝が会見した時、ドイツ皇帝はドイツの軍艦が清国の膠州湾《こうしゅうわん》に錨をおろしたら、ロシア皇帝はこれを黙認するという内諾を得ていた。たまたまこの年の十一月四日、ドイツ人宣教師二人が山東省で殺され、ドイツ艦隊は膠州湾を占領した。

ロシア帝国は裏でドイツの膠州湾占領を認めるそぶりをし、清国に対しては力を貸す姿勢を見せた。

ロシア帝国側のおもわくのとおり、十二月に李鴻章はロシア帝国に援助を求めてきた。ロシア帝国は十二月十五日、軍艦を旅順口に、十九日には大連港に入れたが、清国ではこれをドイツに膠州湾より撤去をうながすものと受け取って、歓迎した。

このような情勢の中で、ロシア帝国は旅順、大連を清国から租借する好機とばかり、駐清公使パブロフに、一八九八年三月三日、清国に旅順、大連租借の提案を行わせ、三月二十七日の期限を切って調印を迫らせた。

清国の方ではロシア帝国の提案の撤回を求め、調印の引きのばしを計ったけれども、ロシア側の強い姿勢にさからえず要求を受け入れて、三月二十七日、パブロフと李鴻章の間で、遼東半島租借条約が調印された。

普通、パブロフ条約と言われるこの条約は、有効期限二五年で、租借地でロシア帝国は完全かつ排他的支配権を持つことになった。また、ロシア帝国は旅順口、大連湾に要塞をつくり、ハルビン、旅順の間に東清鉄道南部線を敷設する権利を得ることになった。

東清鉄道が満洲全域への鉄道建設を目指して施工を進めている中、思いもかけない事件が山東省で起き満洲におよんだ。

義和団事件でロシア帝国、満洲全土を占領する

一八九九年、義和拳という拳法を尊ぶ義和団が、外国人の清国侵入に反対して「扶清滅洋」の旗を山東省でかかげて、外国の勢力の追い出しの運動を始めた。

この動きは外国人の侵入に不満を持っていた清国の人々の共感を得て勢力をのばし、外国人の生命、財産があやうくなった。

一九〇〇年一月、巡撫《じゅんぶ》として山東省に入った袁世凱《えんせいがい》は、義和団をきびしく取り締まったので、義和団は北京方面に移り、そこで激しい運動を行った。

そこで英、米、独、仏の四ヶ国の公使が清国に義和団の取り締まりを求めたが、清国はこれに応じなかったので、四ヶ国は自国の国民を保護するために軍隊を上陸させた。

義和団と各国軍との戦いが始まった。

この時、清国では保守派が実権を握っていて、六月二十日には、諸国の外国軍への宣戦布告の詔勅が下された。

山東省巡撫の袁世凱や両広《りょうこう》総督の李鴻章などが、宣戦布告に反対して義和団を取り締まった。

その一方、この宣戦布告は、ロシア帝国が東清鉄道を軸に、ほぼ施政権を手にしていた満洲では、清国と義和団が詔勅をそのまま受け入れて、外敵ロシア軍と戦った。

東清鉄道の各駅は清国軍と義和団に占領され、奉天では宣教師が殺された。

ロシア帝国は軍隊を続々と満洲に送り込んで、一九〇〇年十月には東清鉄道の権益を確保し、満洲全土を占領した。

3 日露戦争、日本を満洲に

日本と英国、同盟国となる

義和団の乱でロシア帝国は満洲全土を占領し、満洲を独占的に保持する地位を得て、他の第三国の満洲への進出をはばもうとした。

ロシア帝国が満洲を影響下において、韓国に勢力を広げようとするのが明らかになり、日本は国防上きわめてきびしい立場におかれることになった。

英国もまたロシア帝国が満洲、韓国へ勢力を広げるのを黙って見ておれないと、日本との同盟を望み、一九〇二年一月、日英同盟協約が調印された。

日露戦争へ

全満洲を占領したロシア帝国は、国際社会からの圧力で撤兵を表明し、一九〇二年四月、清国との間で満洲返還条約を締結した。

この条約の一部は実行に移され、ロシア軍は撤兵し、鉄道も返されたが、それはほんの一部でそれ以後は撤兵せず、かえって兵力を増し韓国にも進出する姿勢を見せた。

日本はロシア帝国に満洲よりの撤兵を求め、日露の間で協議を重ねたけれど、日本の要求を受け入れようとはしなかった。

そこで日本は一九〇四年二月、御前会議で、ロシア帝国と国交を断絶し、軍事行動に移ることを決めた。二月六日、栗野駐露公使はロシア外務大臣に国交断絶の公文を渡した。

九日には日本の連合艦隊が旅順港外に停泊していたロシア東洋艦隊に攻撃をしかけ、仁川《じんせん》沖では、ロシアの艦船二隻を撃沈した。

明治天皇は二月十日、次のような宣戦の詔勅を下した。

「もし満洲にしてロシアの領有に帰せんか韓国の保全は支持する由なく、極東の平和もとより望むべからず。—中略—おおよそロシアが始より平和を好愛する誠意なるもの毫も認むるに由なし。ロシア既に帝国の提議を容れず、韓国の安全はまさに危急に瀕し帝国の国利はまさに侵迫せられむとす。事すでにここになる。帝国が平和の交渉により求めむとしたる将来の保障は、今日これを旗鼓の間に求むるのほかなし。朕は汝有衆の忠実勇武なるに倚頼《いらい》し、速かに平和を永遠に克服し、以て帝国の光栄を保全せむこと期す。」

日本とロシア帝国の戦いは、壮絶なロシアの旅順要塞の攻防戦を経て、一九〇五年一月一日、ついに旅順のロシア軍は白旗をかかげた。

ついで三月十日、奉天での日露両軍の大会戦となり日本が勝利し、五月二十七日、日本海海戦で、日本の連合艦隊がロシア帝国のバルチック艦隊を撃破した。

日本は軍事上は各処で連戦連勝してはいたが、国力は戦いを続ける限界となっていた。

ロシア帝国でも、一九〇五年一月二十二日、ペテルブルグで冬宮殿の前を行進していた十数万の労働者に軍隊が発砲した「血の日曜日」といわれる事件や、六月二十七日には、オデッサに停泊していた戦艦ポチョムキンで反乱が起きるなど騒動は全土に波及しはじめていた。

このように日本とロシア帝国共に、国情は戦争の限界まで来ていて、アメリカ大統領ルーズベルトの講和の提議を、両国は受け入れた。

講和の協議はアメリカのポーツマスで開かれ、一九〇五年八月十日に始まり、同月二十九日、第一〇回の本会議で交渉は妥結した。

九月五日、日露講和条約は日露両国全権により署名調印された。

日露講和条約は要約すると次のとおりである。
1、日本に韓国での指導、保護、監督の権利が認められた。
2、ロシアは十ヶ月以内に、鉄道守備隊を除く全軍隊を満洲より撤退する。
3、ロシアは旅順口、大連など関東州の租借権及び東清鉄道南満洲支線（長春の寛城子から旅順口）を清国の承諾の上、日本に譲渡する。
4、北緯五〇度以南の樺太島及び附属島をロシアは日本に譲与する。
5、ロシア領沿海州の漁業権を日本に許容する。
日本ではこの講和条約で示された清国との協議のため小村寿太郎が特派全権大使として北京におもむき、二一回の会議を経て十二月二十二日に日清条約が調印された。

この条約で清国は、日本がロシア帝国から譲渡された旅順、大連の租借権、東清鉄道、撫順炭坑などの権利をそっくり継承することを認めた。また、附属協定を結び、一六都市の開放、安東県、奉天間の鉄道の経営などが取りきめられた。

日本の経営する鉄道はロシア帝国から譲渡された長春（寛城子）から旅順までの八四一キロ、日露戦争中に日本が敷設した軽便鉄道の三〇三キロの計一一四四キロであった。

なおロシア帝国には、北満洲の哈爾浜と満洲里《マンチユウリ》間の九三五キロ（浜洲線《ひんしゆう》）、哈爾浜と綏芬《すいふん》河《が》間の五四六キロ（浜綏線）、哈爾浜と寛城子（長春）間の二四〇キロ（京浜線）の一七二一キロが残された。

満洲はこの時点で、北満はロシア帝国に、南満洲は日本にと二分されたのであった。

4 南満洲鉄道の誕生

南満洲鉄道

日本は一九〇五年九月五日にロシア帝国と日露講和条約を結び、十二月二十二日には清国と日清条約及び同附属協定を締結した。

こうして日本はロシア帝国の得ていた権益をそのまま受け継ぎ、安奉《あんぽう》線の経営権も得て南満洲に約一一四四キロの鉄道を持つことになった。

この鉄道にはロシア帝国が得ていたと同じ鉄道附属地についての絶対的かつ排他的行政権があり、附属地は日本の領土と同じように扱われるのであった。

日本が南満洲で東清鉄道南部支線の譲渡が予定されている講和会議のさなか、アメリカの鉄道王E・H・ハリマンが来日し、八月二十三日に桂太郎首相に会い鉄道の経営権の譲渡を迫った。桂首相は目下交渉中と言って断ったが、ハリマンの熱意に押されて予備協定覚書を与えた。

しかし小村寿太郎外相が帰国し、ハリマンとの間の覚書は日露講和条約に違反すると桂首相に覚書の拒否を迫った。

このハリマンとの問題は、結局満鉄の株式は日清両国と両国民の所有に限られることで決着がついた。

ロシア帝国から譲渡された南満洲の鉄道の運営をどうするか。

最初は政府直轄の満洲鉄道庁案も構想されたが、結局、ロシア帝国が東清鉄道会社をつくり、鉄道を含めた附属地などの経営を行ってきたので、日本もこの方式にならって商事会社、つまり株式会社が経営にあたることにした。

一九〇六年六月七日、南満洲鉄道株式会社は勅令一四二号の公布で設立された。会社は満洲地方の鉄道運輸業を営み、株式は日清両国政府及び日清両国民に限り保有することができる。

日本政府は満洲における鉄道とその附属財産、炭坑を現物出資する。

更に総裁、副総裁は勅裁を経て政府が任命し、政府は南満洲鉄道株式会社監理官を置いて会社の業務を監視させるなど、株式会社と言っても政府の統制、規制を受ける仕組みになっていた。

初代の満鉄総裁には、台湾総督府民政長官を九年間勤め、台湾の近代化に輝かしい成果をあげた後藤新平が就任することになった。

後藤が総裁であったのは、わずか二年であったが、この二年の間に満鉄の機構、人事は整えられた。

台湾時代の経験から、後藤は満洲の民情に注意を注ぎ、調査、研究を重視し試験所、研究所が次々に設けられた。

後藤は営業開始五〇日後に、「～自今、満国人に対しては一層親切に取り扱い、苟《いやし》くも悪感情を抱かしむが如き行為なき様、十分注意すべし。」と訓諭を出し、この訓諭は八ヶ月後に再度示された。

後藤の言葉に、「満洲は午前八時の男でやるのだ。」というのがある。

人材は後藤が礼を尽くして各方面から集めた。

その理事は四十歳代が三名、あとは三十歳代の働きざかりであった。

後藤のあとを継いだのが、後藤の台湾時代の部下で、才覚を認め副総裁にすえた中村是公《ぜこう》である。

中村はこれより五年間、総裁として後藤の路線を着実に実行に移し、後藤、中村で満鉄の基盤はできあがった。

だが、中国が清国から民国となって、権益回収の運動が高まり、満鉄はその矢面に立つことになる。

清朝倒れ、張作霖あらわれる

清朝では日露戦争後、満洲での宗主権の完全な回復を計って、これまでの奉天、吉林、黒龍江三省の分立を改め、東三省総督を設け各省に巡撫を置くことにした。

一九〇七年四月に総督に徐世昌《じょせいしょう》、一九〇九年十二月に錫良《しゃくりょう》、一九一一年四月に趙爾巽《ちょうじそん》がついた。

趙爾巽在任の一九一一年十月十日、辛亥革命が起こり、十一月十五日には革命の余波をうけて、奉天に奉天国民保安会が設立され趙爾巽が会長になった。

満洲各地で革命委員会を名のる集団が生まれ、奉天の治安も危うくなったので、趙爾巽は奉天省海城の出身で、洮南《とうなん》駐防の奉天前路巡防隊統領の張作霖《ちょうさくりん》を呼んで革命騒動を鎮めさせた。

一九一二年、国民政府が成立すると、張作霖は陸軍中将第二七師団長となり、満洲に勢力を広げつつあった。

第一次世界大戦と二十一ヶ条要求

一九一四年七月、第一次世界大戦が始まると、日本は八月にドイツに宣戦布告し、中国・山東半島のドイツの租借地青島を占領し、山東鉄道も全線手にした。

その上で一九一五年十一月、日本は中国にドイツの租借地青島、そして山東鉄道の経営の継承、また一九〇五年の日清条約で定めた旅順、大連の租借、並びに南満洲鉄道、安奉鉄道租借の期限を九九年延長するとする二十一ヶ条の要求を行った。

中国側が日本の求めに応じないので、五月七日、最後通牒を出し、五月二十一日に中国は日本の二十一ヶ条の要求を認め、日華条約が締結された。

日中間の交渉の間、中国では反対運動が起こり、満洲でも排日の空気が強くなり、一時多くの日本人が大連方面に避難する騒ぎとなった。

一九一六年八月には、鄭家屯《ていかとん》で一日本人が中国軍に暴行をうけ、知らせをうけた警察官が現場に向かったところ、中国軍の妨害にあい日本の守備隊に護衛を求めたことから、両軍の戦闘となった。

この争いは、張作霖が中国側を日本に謝らせ、責任者を処罰し、慰藉《いしゃ》金を支払わせて終った。

中国で五・四運動起こる

一九一九年一月のベルサイユ会議で、山東省でのドイツの権益を日本がうけつぐという日本の主張が認められたと中国に伝わると、五月四日、北京で学生が大規模な排日運動をおこし、二十一ヶ条廃棄、山東の利権返還、日貨排斥の運動となって広がっていった。五・四運動である。

なお山東鉄道と青島港は一九二三年一月一日に中国に引き渡された。

革命ロシアとカラハン宣言、中ソ協定

一九一七年のロシア革命でロマノフ王朝が滅び、レーニンの新政権ができると一九一九年七月二十五日にソ連政府の外務人民委員代理のカラハンが、中国との間の不平等条約を撤廃し国交を回復しようと「カラハン宣言」を発表した。

それは帝政ロシア時代に得たすべての利権と東清鉄道の放棄を明らかにしたものであった。

「カラハン宣言」は一九二四年五月三十一日の中ソ協定となった。

この協定の中で不平等条約の破棄、在華特殊利権、治外法権などの放棄が明記された。日本にとってこの中ソ協定は、一九〇五年の日清条約の附属協定二条に、ロシアが満洲の鉄道守備兵の撤退を承諾し、または清露両国間に適当な方法を協定したときは、同様に日本も処理すると明記し、更に清国が外国人の生命財産を保護できる場合には、ロシアと日本は同時に鉄道守備隊を撤退させると規定されていたので、黙って眺めているわけにはいかなかった。

ただでさえ排日の気運が高まる中で、中ソが協定を実行に移せばどうなるか。日本側の不安は消えなかった。

張作霖も国民政府とは別にソ連と同様の協定を結んだ。

張作霖と満洲

一九一六年には、張作霖は奉天将軍となり、一九一八年に東三省巡閲使に任じられ、奉天での実力者となった。

そして日本軍の力を利用しようと日本軍に協調し、日本人の軍事顧問を迎え入れた。

張作霖は日本との良好な関係を保つため、排日運動をきびしく取り締まったので、五・四運動の余波は満洲に及ばなかった。

一九一九年に起こった寛城子事件も、鄭家屯と同じように張作霖が日本側にわび、損害を賠償して和解した。

一九二〇年には、張作霖は中華民国大統領に就任した徐世昌の依頼で、抗争を続けている安徽《あんき》派と直隷《ちょくれい》派の和解に乗り出して、六月に初めて北京に入った。

張作霖は両派の激しい争いを目にして、一度奉天に帰り、七月に七万の兵と共に北京にやって来て直隷派と組んで抗争が治まったようであった。

しかし、一九二二年になって直隷派と衝突して第一次奉直戦争となり、張作霖は敗れて五月奉天に帰った。

六月に直隷派と奉天軍の停戦となり、奉天軍は山海関《さんかいかん》より北に撤退することになった。

東三省では張作霖の主導で保安総司令がおかれ、張作霖が司令となり、東三省自治宣言が公布された。

一九二四年五月三十一日に中ソ協定が調印されたが、張作霖は東三省は独立して北京に従わないと決めていたので、別にソ連との間で奉露協定を結んだ。

ソ連は張作霖の満洲での独立政権を認めたのであった。

この年一九二四年九月十八日、張作霖は第二次奉直戦争を起こし、これに勝利した。

一九二五年秋、張作霖が奉天に帰っていたところ、奉天軍の軍長郭松齢《かくしょうれい》は奉天軍の精鋭七万を率いて山海関附近に駐屯し、張作霖と対立していた馮玉祥《ひょうぎょくしょう》の誘いを受けて、張作霖に下野の通電を送って反逆した。

張作霖の息子の張学良は郭松齢と親しかったので会見を申し入れたが断られ、郭松齢は奉天に進撃を開始した。

張作霖の手元にはわずかな兵しかなく、郭松齢の軍に立ち向うのは不可能と思われた。郭松齢の奉天入城は目前であったが、この時張作霖の危機を救ったのは、日本の関東軍の一片の通告であった。

関東軍は両軍に満鉄の附属地二十支里以内での戦闘を認めないと通告したのであった。郭松齢の軍は満鉄の鉄路を越えられず、張作霖の軍は郭松齢の軍のすきをついて戦いに勝利した。張作霖は救われたのである。

満洲某重大事件へ

一九二六年張作霖は軍閥抗争の中、北京に入り安国軍総司令に就任し、一九二七年六月には北京に軍政府をつくりあげ、大元帥となった。

この年まで日本人の住む地区で排日侮日の事件は起きてはいたが、組織的な排日の運動にはなっていなかった。

しかし九月四日、初めて奉天で市民を巻き込んだ大きな反日のデモがくりひろげられた。商店の軒々に「廃止二十一ヶ条条約」「取消大満鉄主義」「還我国土主権」などのポスターが掲げられた。

デモ隊は学生、小学生、商店の番頭、小僧などが中心で、奉天の街を道いっぱいに広がって歩いた。

南満洲での初めての大規模な排日デモであった。

一九二八年（昭和三年）になって、軍閥と国民革命軍などが奉天軍閥打倒の声をあげ攻撃をはじめ、奉天軍は敗退した。

そこで張作霖は六月二日、下野通電を発して奉天に向うことになった。

六月三日午前一時十五分、北京を特別列車で出発した。午後四時山海関に着き、そこで黒龍江省督の呉俊陞《ごしゅんしょう》が同乗した。

四日午前五時二十分、満鉄線と京奉線（北京—奉天間の鉄道）がクロスする満鉄の陸橋の下部に爆薬がしかけられ、張作霖の乗っている列車が爆破された。

呉俊陞は即死し、張作霖も二日後に死亡した。

爆破は関東軍高級参謀河本大作《こうもとだいさく》大佐ひとりの判断で決定され、朝鮮から奉天に来ていた京城の工兵第二〇連隊の一部の将校と兵によって行われた。

河本は排日の中心人物は張作霖であると考え、張作霖をなきものにして満洲問題を一挙に解決しようと思った。

この満洲某重大事件は、時の田中義一《ぎいち》内閣を退陣に追い込むことになった。

青天白日旗、満洲にあがる

山海関外にいた息子の張学良は六月十日に奉天に入り、二十一日父張作霖の死を公表し、自身は東三省議会連合会の名で、七月三日東三省保安総司令となった。

八月四日から三日間にわたって張作霖の葬儀が行われた。

張学良は盛大な父張作霖の葬儀を行ったが、一九三六年（康徳三年、昭和十一年）四月、関東軍参謀として満洲国に着任した辻政信《まさのぶ》大尉は奉天の酒林寺（?）で、なんと張作霖の棺桶が放置されているのを目にした。張学良は型どおり葬儀は行ったけれど、父の遺体をそのままにして奉天を去ったのであった。

辻は仏に安住の地を与えたいものだと思い軍司令官の植田謙吉大将に、辻の気持を申し上げた。

「君の言うはもっともだ。自分も気にしていたのだが名案はないかね。」

辻は満洲国について尊敬する石原莞爾《いしはらかんじ》からあるべき満洲国を語られ、感動した。辻は石原の気持をうけついで満洲に来たはずであった。石原の協和会が浮んだ。

「協和会にやらせたらどうでしょう。」

「それはいい。君に委すから、計画してくれんか。」

辻は植田の許しを得て、張作霖の葬儀を翌年五月に行った。

奉天の一番大きなお寺で、数百人の僧侶が数日にわたって供養した。

葬儀には奉天中の人が集まったかと思われるほどの人々がお寺にくり出し、棺を郷里の墓に送る葬送の行列は何度か人波で動きがとれないほどであった。

張作霖は満洲の民衆に愛されていたのであった。満人の多くはこの葬儀を心で願いながら口に出しては言えなかった。

その葬儀が行われ、満人は朗かに、喜びあふれた顔をしていた。

辻は「恐らく皇帝が死なれても、これだけの人出はないだろう」と思った。

その群衆に送られ、張作霖の遺骸を納めた霊柩が特別仕立の列車に乗せられて、錦州の西南、石山站に向った。

そこでは村人が「張」墓の清掃をして待っていた。

張作霖の柩は母親の墓の傍のコンクリートの大きな穴に納められた。


張学良は日本側からの連携に応えないで、十二月二十九日易幟《えきし》通電を発して、満洲全土に青天白日旗をかかげて国民政府に従うことを明らかにした。

国民政府は一九二九年（昭和四年）一月七日、張学良を東北辺防軍司令長官に任命した。

一月九日、張学良は東北政務委員会をつくり上げ、主席委員となった。しかし、奉天には張学良をしのぐ実力者、奉天軍参謀長の楊宇霆《よううてい》がいた。張学良は一月十日夜、会議と言って楊宇霆を総司令部に呼び出して捕え、銃殺した。

そして張学良は、十六日、国民党に入党した。

やがてこの年の秋には、張学良は国防軍二四旅団、省防軍一三旅団、合計三七旅団、兵力二八万人、さらに海軍三艦隊二一隻、航空隊、戦車隊、砲兵隊を持つことになった。

5　満洲事変で新国家生まれる

石原莞爾《いしはらかんじ》中佐、満洲に

石原は一九二八年（昭和三年）八月十日、中佐に進級し、関東軍作戦主任参謀として旅順の軍司令部に着任したのが、十月二十日であった。

張作霖が爆死した六月から四ヶ月ほどたっていた。

十一月には、「満蒙は危機に瀕する」との宣言と共に、満洲青年連盟が結成された。

十二月に張学良が易幟を行った。

石原は常々、満蒙領有論を表明しており、一九二九年（昭和四年）三月、張学良との武力対決の時、ソ連軍が介入してきたらどう対処するかを研究するための北満現地戦術を考える参謀旅行を計画したが、関東軍司令官村岡長太郎《ちょうたろう》の反対で実施できなかった。

関東軍の参謀会議でも、奉天城攻略が研究され、石原の戦争論が注目されはじめていた。

板垣征四郎《いたがきせいしろう》大佐、満洲に着任

一九二九年（昭和四年）五月十日、板垣の関東軍高級参謀が発令された。しかし、板垣はすでに四月に奉天に入っていた。

のちに智謀の石原、実行の板垣といわれた名コンビがここに生まれたのである。

もともと二人は東北の出身で、共に仙台の幼年学校を出て、のちに石原が中支派遣隊司令部付として漢口に駐屯した時、板垣が参謀として同隊にいて親しい間柄であった。

五月一日、板垣は関東軍情報会議を開き、張学良軍との全面対決が予測されるので、この対策の研究と対ソ作戦計画の立案のため、関東軍参謀旅行を実施することを決めた。

板垣の出した参謀旅行にも、村岡はなかなか首を縦に振らなかったが、板垣の説得でとうとう認めることになった。

参謀旅行は七月三日から一二日間行われ、四日には長春の名古屋旅館で会議がもたれた。

ここで石原は「現代戦争にたいする観察」と言って、石原の戦史大観を述べた。

次に来るのは人類最後の大戦争で、日本と米国が戦うことを予測して満蒙問題を今解決しておかなくてはならないというもので、参加した参謀たちに大きな影響を与えた。後年、石原は「この長春の一夜が満洲事変前史の一ページとなった」と語ったと言われている。

次はハルビンに向うソ連管理の東清鉄道の車中で行われ、石原は「満蒙問題解決案」を提案し、武力で満蒙を領有すると主張した。

この夜はハルビンの名古屋ホテルに泊ったが、夜中、板垣は石原から持論の戦争論の説明をうけたという。

翌日、チチハルに到着、この夜は龍沙旅館に泊り、次の日は大興安嶺《だいこうあんれい》を越えて満洲里に着いた。ここで石原は「関東軍満蒙領有計画」を説明した。

平定と統治、それに国防が説かれ、対ソ戦にも言及された。

石原の軍事的満蒙領有構想が、この参謀旅行の研究で具体化したのであった。

板垣、石原は北満への参謀旅行について、十月に奉天から新民、錦県、山海関にわたる遼《りょう》西《せい》方面への参謀旅行を行った。

この旅行はのちの石原の錦州爆撃に役立ったと言われる。

この年はソ連管理の東清鉄道に異変が起きた。

蔣介石《しょうかいせき》は日本軍が満鉄附属地に駐屯しているため、国民革命軍を満洲まで進めるのは断念し、張学良に反共反ソの路線をとらせてソ連に当たらせようとした。

張学良は手はじめに、五月二十七日、ハルビンのソ連領事館を強制捜査し、共産主義の文書を押収した。

七月七日に北京で蔣介石は張学良と会談して、ソ連の管理する東清鉄道の回収を決定した。

張学良は七月十日、東清鉄道の回収を宣言し、十一日には東清鉄道督弁兼理事長の呂栄寰《りょえいかん》は鉄道局長エムシャノフを罷免、ソ連人の幹部職員五九人を免職にし強制送還を命じた。同時に東清鉄道全線の電信電話施設を回収し、ソ連の極東貿易局など商業機関に解散を命じた。

これを受けてソ連側は、七月十三日処分の取り消しを要求し、最後通告を国民政府に送ったが、国民政府はこれを拒否し、ソ連は十八日、国交断絶を国民政府に通告した。

ソ連は八月二十五日、特別極東軍司令部をハバロフスクに置いて戦闘体制を整え、九月に戦闘を開始した。

ソ連軍はたちまち奉天軍を破ってハイラルを占領、松花江にまで進出した。

張学良は国民政府の反対にあいながらも、ソ連と独自に平和交渉を行って、ハバロフスク協定が締結された。

ソ連軍に敗れて張学良は、東清鉄道を紛争の前の状態に戻すことに同意したのであった。

中国本土では蔣介石と軍閥の対立が激しくなり、一九三〇年（昭和五年）二月、閻錫山《えんしゃくざん》は蔣介石に下野勧告を出し、蔣介石も四月に閻錫山の逮捕令を発した。

時に閻錫山など軍閥は三〇万の兵力を持ち、蔣介石は二五万の軍勢であった。

二八万の兵を持つ張学良は、蔣介石が八月、済南を占領して優勢と見て、一〇万の兵を送って蔣介石を助けた。

十一月に閻錫山は下野を表明し、蔣介石が勝利した。

張学良は中華民国陸海空軍副総司令となった。

一九三〇年（昭和五年）になると、関東軍では板垣、石原を中心に研究会が持たれた。

一月から全参謀が参加して毎土曜日に、「満蒙における占領統治に関する研究」が行われた。

また、一方で奉天の占領戦略の研究も着々と進められていた。

三月一日、石原は満鉄調査課の求めに応じて、「日米戦必至の運命」を論じ、対米戦争の準備と満蒙領有を主張した。

五月三十日には長春で、石原は「軍事上より観たる日米戦争」を語った。

「平和なき支那を救うは日本の使命にして同時に日本みずからを救う唯一の途なり。」

十二月、昨年の参謀旅行で研究を行うとされた「占領地統治の研究」ができあがった。石原の満蒙領有の構想が一歩一歩前進しつつあった。

張学良は力で回収しようとしてソ連の東清鉄道では失敗したので、満鉄に対しては別の方法で息の根を止めようとした。

鉄道では満鉄包囲線を建設し、満鉄の客と貨物を奪うことをもくろんだ。船舶については、大連に対抗する港をつくろうと、一九三〇年（昭和五年）一月、オランダの築港会社と契約を結び、七月二日に葫蘆《ころ》島港の起工式を行った。

満鉄ではこれら張学良の施策、それに銀価の暴落もあって、一九三〇年（昭和五年）の営業成績は創業以来の大赤字となった。

朝鮮人農民を保護して——万宝山《まんぽうざん》事件

日本が清国、ロシア帝国と権益を争った韓国は、一九一〇年（明治四十三年）日韓併合によって日本の一部となった。

満洲では一九三一年（昭和六年）頃までに、約八〇万人の朝鮮人が東満洲に移住し、その九割が農業を営んでいた。

中国側ではこれら朝鮮人の満洲移住は日本の侵略と見て、さまざまな妨害を朝鮮人に加えていた。

一九三一年（昭和六年）二月、長春の南約三〇キロの万宝山附近で、中国人の地主から土地を借りた朝鮮人農民が伊通河《いつうが》の水をせき止め、灌漑《かんがい》用水路をつくりはじめ、五月にほぼ八分どおり完成した。

これを見た中国人農民が、伊通河がはんらんすると中国の官憲に訴えたので、武装公安隊が出動して朝鮮人農民を九名逮捕した。

そこで朝鮮人農民は日本の長春総領事館に保護を求めた。

日本側と中国側の交渉で工事が再開されることになったが、七月一日、中国人農民が朝鮮人の農場を襲い水路を破壊したので、翌二日、朝鮮人農民が中国人農民に対抗して大衝突となって、多数の朝鮮人農民が重傷をおった。

この騒動は日本側が間に入って一応治まった。

しかし、この事が朝鮮本土に報導されると、朝鮮人暴徒が在鮮中国人に報復の暴行を七月三日から行い、京城、平壌など主要な都市で死傷者二〇〇余人が出る騒ぎとなった。

万宝山事件は日中間の問題として、排日運動に大きな影響を与えた。

中村震太郎大尉、殺される

万宝山事件の最中、中村震太郎事件が起きた。

一九三一年（昭和六年）六月、中村震太郎大尉は中国の公署で護照《ごしょう》（政府発行の旅券）をもらい、三人の従者と共に洮索《とうさく》地方（洮南《とうなん》、索倫《さくりん》）に入り、六月六日、東清鉄道エレクテ駅を出て興安嶺に入り、六月二十五日に泰来《たいらい》の附近で屯墾軍の関玉衡《かんぎょくこう》の部隊につかまった。

この頃、中国側は日本の対蒙古工作を警戒していたので、二十七日に中村震太郎一行は軍探偵として銃殺された。

事件の真相はなかなか明らかにならず、ようやく八月十七日なって日本側では東京と旅順で事件について公表した。

中村銃殺の報によって日本と満洲で、奉天政権と国民政府に激しい非難と抗議の声が上がった。

これまで、「満蒙問題とその真相」「満蒙三題」などのパンフレットを出して、武力に訴えてでも満蒙の権益を護れと満洲青年連盟は主張して来た。

そして「条約を死守し、帝国の生命線を確保する」という論調で内地に遊説隊を送り込んでいた。

板垣と石原はこの満洲青年連盟の動きを横から眺めていたのであろう。これまで関東軍と満洲青年連盟は無関係であった。

中村事件が公表された直後、関東軍司令部幕僚部は満洲青年連盟に会見の申し入れをした。

会見は偕行社《かいこう》で行われ、その様子を山口重次《じゅうじ》は『悲劇の将軍 石原莞爾』の中で次のように述べている。

「連盟はこれまで関東軍の生ぬるい行動を非難していたので、この呼出状は喧嘩の果たし状のようなもので、あまり好い気持のものでなかった。」

しかし偕行社では歓待が待ち受けていて、両者は論議を重ねて相互の理解が深まった。参謀側は連盟の主張する満洲での民族の協和と独立国の考えに歩み寄り、石原は満蒙領有の持論を述べなかった。

連盟の演説会で「関東軍の腰の刀は竹光か」と公然と言われているのを石原は伝え聞いていた。

それに反論して石原は言った。

「微力で竹光でも、学良軍閥打倒のごときは、それで十分だ。私は作戦参謀主任としてあなた方に向って、これだけのことは言える。いざ事あれば、奉天撃滅は、二日とはかからん。

事は電撃一瞬のうちに決する。」

石原は南満洲に展開する張学良の軍を研究し尽くしていた。兵の数は張学良軍は南満洲に駐屯する関東軍の実に二二倍であった。

奉天の北大営に八〇〇〇、東大営に一万一〇〇〇、計一万九〇〇〇。これに対して奉天駐留の日本軍は、独立守備第二大隊歩兵第二九連隊の一五〇〇人である。

張学良は奉天を含め二三万の軍隊を持っていたが、日本軍は鉄道守備のため一キロに一五人を基準とする独立守備六個大隊が、帯長の沿線に点のように満鉄附属地に配置され、奉天駐留軍とあわせても一万数千人の兵力しかなかった。

その上、装備の面でも張学良軍には五〇機以上の飛行機があり、戦車、チェコ製の自動小銃も保持していたが、日本軍には飛行機も戦車もなく機動の低い軍隊で、張学良軍に比べ極端に劣っていた。

石原は二二対一の戦闘に勝利を収める奉天城攻略の計画をつくり上げた。

その一つに、奉天戦で驚くほどの威力を見せた二四サンチ榴弾砲がある。

石原はこの二四サンチ榴弾砲を旅順から二門運ばせ、歩兵第二九連隊の営庭にそなえつけ、修理し、奉天城攻撃と共に砲撃を開始させた。威力は強烈で、張学良の軍は砲弾が飛来すると戦いをやめて逃げ出した。

軍司令官、本庄繁中将に

関東軍では軍司令官が菱刈《ひしかり》隆大将から、本庄《ほんじょう》繁《しげる》中将に変った。

本庄は一九三一年（昭和六年）八月二十日大連に上陸、旅順に入った。

本庄はかつて、一九二一年（大正十年）五月から一九二四年（大正十三年）八月まで三年余り、張作霖の軍事顧問として奉天にいた。そんなことで張作霖とは親しい関係にあった。

一九二四年（大正十三年）八月二十日付で、本庄は弘前第八師団の歩兵第四旅団長となり、一九二五年（大正十四年）五月一日付で、北京の支那在勤帝国公使館付武官に転任した。

大尉の時代、北京勤務があり、二度目の北京であった。この時、張作霖も北京におり、親しく付き合った。補佐官は板垣征四郎中佐で、よく本庄に仕え、この関係が満洲事変で実を結んだのであろう。

本庄は一九二八年（昭和三年）二月二十九日、公使館付武官から姫路第一〇師団長に補せられた。

武官在職中の一九二七年（昭和二年）三月五日に、本庄は陸軍少将から中将に昇進した。

本庄が北京から姫路に移った年の六月四日奉天で張作霖の列車が爆破され、二日後に張作霖は死んだ。奉天で三年、北京で三年、都合六年間、本庄は張作霖と親しく、彼の信頼を得ていた。北京時代、夜間にしばしば会いたいと連絡して来て、本庄は会いに行って話を聞いてやっていた。

本庄が着任した関東軍には、参謀長三宅光治《みつはる》少将、高級参謀板垣征四郎、作戦主任参謀石原莞治の外、竹下義晴《よしはる》少佐、片倉衷《ただし》大尉などがいた。

本庄は着任の翌日八月二十一日から精力的に軍務にはげみ、関東庁の訪問、旅順部隊の巡視、板垣を伴って大連に向い満鉄幹部と会談など行った。

八月二十八日から九月六日までの一〇日間は、軍司令部の幕僚と毎日一人ずつ会い意見を聴いた。特に九月一日には石原と午前中会っていながら、夜八時に再び石原を呼んで、満蒙解決に関して意見を聴いている。

きちょうめんにつけていた本庄日記によると、「九月六日夜十時すぎ板垣高級参謀、片倉大尉来訪」とあり、片倉衷の『回想の満洲国』の記述に、日時は明記されていないが、「私は板垣参謀に随行して、本庄将軍をその官邸に訪ねた。」と書き、その訪問の時の本庄と板垣のやり取りが述べられている。

きわめて興味深い一文で、この日は多分、日記の九月六日であろう。

板垣は中村事件など説明し、最後にこう質問した。

「閣下は満洲で事件発生の際は、請訓によって事を処せられますか、あるいはその任務に従って、独断事を断ぜられますか。」

本庄将軍は熟考の上、言明した。

「本職は中央当局から慎重事を処するごとく指示されたが、しかし、突然事件に際しては、自分の負荷する任務に従い、独断事を決するに躊躇《ちゅうちょ》するものではない。」

帰途、板垣大佐は私を顧みて、

「本庄さんと菱刈さんとは大分違うな。」

とささやかれた。

この時、決行の日時は決まっていなかったが、板垣と石原は満蒙領有の作戦をつくりあげ、あとは奉天城攻撃の日を定めるまでになっていたので、本庄の発言は板垣に決行に自信を与えたであろう。

本庄は九月七日から初度巡視を始め、旅順を出て、鞍山《あんざん》、奉天、公主嶺《こうしゅれい》、長春、再び奉天にもどり、十七日遼陽に着いた。

遼陽で部隊を検閲していると、旅順の司令部の三宅から、「参謀本部の建川美次《たてかわよしつぐ》作戦部長が東京から急に視察に来たので板垣か、石原のどちらかを奉天に残すようにされたい。」と電話で伝えてきた。

東京では中村事件の解決がむつかしい局面となり、関東軍が画策して事件が起きそうだとの情報で、建川を満洲に送り未然に軍の行動を止めさせようとしたのであった。

三宅の電話を待つまでもなく、板垣、石原はすでに、参謀本部の橋本欣五郎《きんごろう》ロシア部長からの私信の電報「とめ男ゆく」と伝えられ建川の渡満を知っていた。

この夜、板垣と石原は相談し、十八日決行を決め、建川は板垣が対応することにし、石原は本庄に従って旅順に行くことにした。

奉天の軍の手配は板垣が行い、石原が本庄の了解をとることにした。

九月十八日、午後二時、本庄は石原と共に旅順に帰った。

板垣は十八日朝、奉天に引きかえし、今日実行の柳条湖での満鉄線爆破計画と奉天城攻撃の手はずをすべてととのえた上で、本渓湖《ほんけい》まで建川を出迎えに行った。

奉天駅では奉天特務機関の花谷正少佐が待っており、揃って行きつけの料亭菊文に入った。

ここで板垣は建川の接待を花谷にまかせ、特務機関に帰り、満鉄線爆破計画の指示と、武力行使の手配をすませ、実行部隊の遂行を待った。

満洲事変起きる

十八日の夜十時二十分頃、用意された黄色方形爆薬四二個が柳条湖の西側の線路のつぎ目の両側に装着され、奉天着十時四十分の急行の通過する直前、スイッチが押されたが、その直後急行はガタン、ゴトンの音を発しながら、無事通過して行った。爆破されたレールはごく短く、列車には何事も起こらなかった。

鉄路爆破の報は、ただちに各部隊に伝えられ、独立守備隊が北大営に歩兵第二九連隊が奉天城に、それぞれ攻撃に入った。

歩兵第二九連隊の営庭に配置されていた二四サンチ榴弾砲も火をふいていた。

十一時頃本庄に奉天からの急報の電話で板垣から連絡が入った。

「今夜十時半頃奉天郊外一キロの柳条湖で満鉄の線路が中国兵により爆破され、このため独断で独立守備隊と第二師団に出動を命じ、張学良軍と交戦中である。」

本庄は非常呼集をかけて、軍司令部に参謀を集めた。

三宅が現状を本庄に説明し、石原が作戦命令案を提出した。

しかし、本庄は作戦命令をなかなか認めなかった。

本庄は三宅、石原から説明をうけ、「十一時過ぎ虎石台《こせきだい》の中隊が北大営の一角を占領した。」という第二報が入った直後の零時二十分頃軍司令部に入った。

石原が重ねて作戦命令に決断を求めると、本庄は瞑目して沈思黙考約五分、開眼して、「よろしい。本職の責任においてやろう。」と確固たる決意で命令を下した。

奉天城は十九日午前三時四十分に、北大営は十九日朝六時に占領された。

この戦闘で石原の用意した二四サンチ榴弾砲は石原の計算どおりの戦果をあげた。

榴弾砲は水平射撃で使われたので、発射した弾丸は民家の屋根すれすれに飛び、天をふるわし地をゆり動かしたので張学良の軍兵はこれだけで戦意を失って逃げ出したと言う。

もう一つ張学良の軍が日本軍にあっさり敗れたのは、兵士の質が悪く、武器を持たせておけないと、演習が終ると銃器、弾薬を兵士からとりあげ、武器庫に収め、その鍵は当直将校が持っていた。その為、日本軍の攻撃をうけても武器のない兵士が多く、戦えなかったのであった。


この夜、張学良は北平《ペーピン》にいた。

この張学良を目のあたりにした日本人がいた。中国研究家の村上知行である。

村上は北京、前門外の中和戯院に「梅蘭芳」の演じる「宇宙鋒《うちゅうほう》」を観に行った。

玄関わきに一小隊ほどの兵が銃を手に並んでいるのを村上は目にして、おかしいなと思いながら劇場内に入ってもう一度これはと思った。二階の一番上等のボックスが二つ空席で、ボックスの前の欄干《てすり》から下の平土間まで真っ白な布が垂れ下がっていた。

なんだろうと思いながら劇を観ていると、二階であわただしい足音がして、あの二つのボックスに人が座り、一小隊の兵がうしろに並んで立った。

第一のボックスには張学良と夫人、第二のボックスには村上はこの時わからなかったが、史書を調べるとアメリカ駐華武官が座った。

村上が第一のボックスを見ていると「夫人の于鳳至《うほうし》女史は端然と椅子に坐って舞台に見入ったまま、まるで彫塑像ようにみじろぎもしない。」一方、張学良の方は「すこぶる動的で、じっと落ち着いて舞台に見入ることがなかった。梅蘭芳の北文の王者への媚も、張学良は気づいたように見えず、檻のなかに新しくほうり込まれた豹のごとくキョロキョロしていた。しばしば煙草に火を点じ、一団の紫煙をさっとくゆらすことはあっても、ただちに残りは吸殻としてほうった。」

村上は言う。「忘れもしない十一時近いころ！　燕尾服を着た、長身な男（侍衛副長官の譚海か）が、禿げあがった頭に帽子も戴かず、あたふたと駈けつけて、学良に何事か耳打ちした。途端に彼はすっくと立ちあがった。侍者が彼に黒ラシャの将校マント風のオーバーを掛け与えた。

バタバタバタ！

皮靴のかかとの音が、トタン屋根にひょうのたばしるよう！　学良を先頭に、于鳳至女史侍者、それから一小隊の兵士が後につづいて劇場から立ち去った。」

村上の見たとおり、張学良はまさか満洲事変の突発を予感したわけではなかっただろうが、落ち着きを失っていたようである。

十九日午前四時、本庄は石原を伴い奉天に向い、午前十一時に着いた。臨時司令部を市の中央の東洋拓殖会社奉天支店の二階と三階に置き、瀋陽《しんよう》館を宿舎とした。

東京には陸軍中央部に奉天の特務機関から、柳条湖の第一報が九月十九日午前一時七分にとどいた。

「十八日夜十時半ゴロ、奉天北方、北大営西側ニオイテ、暴戻ナル支那軍ハ満鉄線ヲ破壊シ、ワガ守備隊ヲ襲イ、駈ケツケタル我ガ守備隊ノ一部ト衝突セリ。報告ニヨリ、奉天独立守備隊第二大隊ハ現地ニ向イ出動中ナリ。」

第二報は午前二時に入り、「北大営で戦闘中で苦戦を強いられている。」と伝え、午前三時には、各部隊の奉天での戦闘を伝える第三報がとどいた。

一方、朝鮮軍司令官から十九日午前八時半、「飛行第六連隊（平壌）より戦闘、偵察各一中隊を今早朝、平壌出発、関東軍に増援し、なお各師団の出動準備中である。」と伝えられ、さらに午前十一時十五分、「混成第一旅団を関東軍の救援に派遣し、部隊は移動中」という報が入った。

午前十時十五分、次の一報が届いてた。

「軍ハ混成一旅団ヲ奉天付近に派遣シ、関東軍を増援セシム。～飛行隊ハ今早朝出動、同司令官ノ指揮下ニ入ラシム。」

参謀本部・作戦課では、朝鮮軍司令官の処置は妥当をかくと金谷《かなや》総長に進言し、金谷総長もこれに同意し、次のような電報を金谷総長名で朝鮮軍司令官に送った。

「関東軍増援ノ件、奉勅命令下達マデ見合サレタシ。」

同時に平壌の歩兵第三九旅団長あてに、

「貴旅団ノ行動モ自然一時見合スコトニアイナルベク、スデニ出発セシ部隊アラバ、国境ヲ越エザルゴトク処置セラレタシ。」

と打電した。

こうして当面は、朝鮮軍旅団の国境越えは止められた。

若槻《わかつき》内閣では、十九日午前十時頃開かれた閣議で、事態の不拡大を決議した。

建川は料亭菊文で花谷の接待をうけ、十八日の夜は銃砲弾の轟く中、自若として過ごしたと片倉は述べている。

建川は十九日夜、瀋陽館の板垣の参謀室で開かれた事態打開の打ち合わせの懇談の席に招かれた。

この時、石原は持論の南北満洲の一体不可分解決を主張し、板垣も一挙に全満蒙の解決を求めたが、建川は新政権を樹立し南満洲を片づけ、北満はソ連の出方を見て対処すべきと言い、石原、板垣との意見は一致しなかった。

建川は明日、本庄と会って話し合い方向を見いだすと言った。時間は二十日午前一時になっていた。

とめ男・建川と石原・板垣の思いは合致しなかったが、「諸君の軍事行動に反対しないよう努力しよう。」という言葉を残して席を立った。

翌二十日、午前に建川は東拓ビルに本庄をたずねて会談した。その席で建川は言った。

「北満には東清鉄道がありソ連軍が管理しているので、軍を長春以北に動かさない。しかし、吉林、洮南等には一刻も早く進出し、張学良政権を倒して宣統帝を盟主とする新政権をうちたてるのが望ましい。」と。

建川は二十一日奉天を離れ、二十四日東京に帰った。

建川が去った二十二日午前八時頃、瀋陽館一号室の三宅の部屋に、三宅、土肥原賢二《どひはらけんじ》（奉天機関長）、板垣、石原、片倉が集まった。

この集まりは板垣が今後の方策を見極めようと三宅に進言し、三宅がそれを認めて本庄の許しを得て開いたものであった。

土肥原が、「一案として日本人を盟主とする在満蒙五族協和国の樹立。」を提案した。板垣は、「一挙に南北満洲を解決して、かねて研究した占領統治案の主旨により、全満を我が領土として統轄占領する。」を主張した。石原は、「解決策案はなお検討を要すべく、とくに支那人の向背、国際情勢、国内の情況等を勘案して考慮を要する。」と述べた。

結局、当面の対策を「満蒙問題解決策案」として次のように定めた。

○我が国の支持を受け、東北四省および蒙古を領域とせる宣統帝を頭首とする支那政権を樹立し、在満蒙各種民族の楽土たらしむ。

○国防、外交は日本において掌理する。

○地方治安維持に任ずるため、左の人員を起用し、鎮守使とする。

熙洽《きは》（吉林地方）、張海鵬《かいほう》（洮南地方）、湯玉麟《とうぎょくりん》（熱河地方）、于芷山《うしざん》（東辺道地方）、張景恵（ハルビン地方）。

関東軍で目をつけた右の人物には、それぞれ手がうたれた。

奉天にいた張景恵には板垣が会い、張景恵は二十三日ハルビンに帰った。二十四日には石原が于芷山の説得に人を送り、二十五日に同じく張海鵬に人をやった。

二十二日、この会合のあとすぐに天津軍司令官に、その時天津にいた宣統帝、羅振玉《らしんぎょく》などの保護を要請した。

満蒙領有を基軸にしながらも、なお先の見えない満洲の事態に対処する方策を、この時点で関東軍は以上のように取り決めたのであった。

本庄、吉林出兵を決断する

二十日早朝、板垣は石原を瀋陽館の部屋にたずねた。

「今の情勢ではハルビンまで進むのはむつかしいと考えられる。吉林をおさえてはどうだろう。」

石原は板垣に言われるまでもなく、吉林の攻略を考えていた。

吉林省は張作相が省長で、この時張学良と共に北支北戴河《ほくたいが》方面にいた。吉林には満洲旗人《きじん》の熙洽《きは》がいて、この方の工作は進んでいると石原はきいていた。

板垣も石原と同じように吉林の煕治情報を握っていたが、朝鮮軍が吉林派兵を断行すれば越境するとの連絡も受けていた。

二人は相談して、吉林を張学良の勢力から離して独立させるために、吉林出兵を本庄に決断させようと決めた。

吉林に奉天で敗れた張学良の軍が入って来るのではないかと民心は動揺していた。

この日の午後には、吉林日本人居留民会長の出兵歎願の電報と特務機関長の出兵要求の意見具申電報があい次いで軍司令部にとどいた。

本庄はこれらの電報に目を通したが、「様子を見ることにしよう」と言っただけであった。

実際、本庄は関東軍の兵を満鉄の附属地内では司令官の権限で動かすことができるが、附属地以外に動かすには奉勅命令を仰がなければならない。軍を吉林へ進めるとなれば、それは越権となる。本庄は苦慮した。

二十日午後十二時頃、瀋陽館二号室の板垣の居室に、三宅（参謀長）はじめ石原など参謀が集まり協議した結果、全員が吉林派兵に一致した。

七号室の本庄の居室に、代表して三宅が二度、吉林派兵の決裁をもらいに行ったが、本庄は首を縦に振らなかった。

石原の一声で幕僚全員揃って本庄の居室に入った。

石原は「作戦上の見地から、並びに軍の満蒙経略の企図達成上からいっても、吉林派兵は急務である。」と述べ、板垣も「この際、軍は断乎として所信に邁進《まいしん》すべき。」と進言した。

だが本庄は「事を処するに慎重を期す。」と言うだけで結論が出ない。

沈黙の時間が流れた。

二十一日午前一時頃、三宅と板垣が本庄の居室に残り、他の者は全員板垣の居室に戻った。

午前一時の時計をきき、午前二時、午前三時の時計が鳴った。部屋にたばこの烟が充満する。

三時十五分になった頃、板垣が姿を現わした。

「すんだよ。」

蒼白の顔に喜色を浮べて言った。

吉林出兵を本庄は決断したのであった。

多門第二師団は二十一日、直ちに吉林に進攻し、夕刻には吉林に無血入城した。

朝鮮軍は関東軍の吉林派兵をうけて、奉天の軍事的空白を補充する意図もあり、関東軍救援の軍を越境させ満洲に入れた。

朝鮮軍は二十一日、午後三時二十二分に参謀本部に次の電報をとどけた。

「関東軍ハ吉林方面ニ行動ヲ開始スルニイタリ、著シク兵力ノ不足ヲ訴エ、朝鮮軍ノ増援ヲ望ムコト切ナル重ネテノ要求ヲ接受シ、義ニオイテ忍ビズ、在新義州・混成旅団ヲ越江、出動セシムルコトトセリ。カネテノ命ヲ奉ズルコトヲエザル結果ニ陥レシコトニツイテハ、誠ニ恐懼《きょうく》ニ堪エズ。」

吉林の処理にあたって板垣は、九月二十三日に羅振玉《らしんぎょく》を吉林に送り、熙洽に独立を勧告させた。

熙洽は九月二十八日、吉林省の独立を宣言し、張学良と絶縁した。

朝鮮軍の越境は奉勅命令を待たずに、林銑十郎の独断で決行されたが、東京では二十二日の閣議で、閣僚全員不賛成とは言わず、積極的に賛成の意志を述べる者もいなかったが、「すでに朝鮮軍は出動してしまっているのだから。」ということで承認された。

ハルビン、出兵ならず

ハルビンでは、九月二十日、二十一日に日本の特務機関のお手製の謀略排日運動が起こり、四〇〇〇の同胞の危機を救うため出兵の要請が各界から関東軍に寄せられた。

本庄は吉林の事態が収束した段階で、九月二十二日以降のハルビン出兵を考え、吉林の第二師団を長春附近に集結しようとした。

東京ではかねがねソ連軍の動きに注目し、ハルビンがソ連の管理、経営する東清鉄道の中心地であることから、ソ連軍と関東軍の衝突を極度に警戒した。

二十四日午後、参謀総長から関東軍司令官に、ハルビンへの出兵を認めない次の電報が送られた。

「ハルビンニ対スル出兵ハ、事態急変セル場合ニ於テモ、コレヲ行ナウベカラズ。」

板垣、石原の「この際、南北満洲問題を一挙に解決しよう」とする第一歩が封じられたのであった。

チチハル進攻

ハルビンに入れなかった関東軍は、チチハルの動きに注目し、工作をはじめた。

それは日本側に傾いていた洮遼鎮守使の張海鵬を手なずけ、張学良に向わせようというものだった。

張海鵬は日本側の思惑のとおり、十月一日に辺境保安司令となって張学良と絶縁した。

その上で日本軍のあとおしでチチハルに向って軍を進めた。十月十五日だった。

しかし、黒龍江軍は嫩江《のんこう》にかかる橋を焼き払い、張海鵬の軍の進撃をはばんだ。焼かれた鉄橋のある洮昂線《とうこう》は日本の利権鉄道であったので、この橋の修復をめぐって、今度は日本側と黒龍江軍との争いが始まった。

張学良は十月十一日に馬占山《ばせんざん》を黒龍江省の政府主席代理に任命していた。橋の修復をめぐって、日本側と馬占山の間で交渉が持たれたが一向に進展せず、十一月一日に嫩江支隊が鉄橋修理援護のために、嫩江橋に向った。

十一月四日嫩江支隊の修理援護中隊が前進を始めると突然黒龍江軍の砲撃を受け、こうして関東軍と黒龍江軍の戦闘が始まった。

石原は現地にいて指揮をとったが、はじめは苦戦し、増援を求め、ついに六日午後、嫩江支隊は黒龍江軍を撃退して大興附近を占領し、架橋の援護をはじめた。

十一月七日に石原は奉天に帰り、本庄、板垣と協議を重ねた。

中央は対ソ連の動向に神経を使い、関東軍の進出にずっと圧力をかけ、事件の不拡大を指示して来ていた。

十三日には橋の応急修理が完了しそうなので、十一日に馬占山がとても受け入れられないと思われる条件の交渉案をまとめて、馬占山に送った。それは、「馬占山の下野」「馬占山のチチハル撤退」というものだった。

馬占山は指定された返答日の十二日に全面的に拒否して来た。

そこで今度は陸軍中央部の指示に従って、「馬占山軍はチチハル以北に撤退すること。」「馬占山軍は東清鉄道以南に兵を出動させないこと。」などの条件で、十五日馬占山に要求文を手渡した。回答期限は十六日、わずか一日の余裕しかなかった。

予想されたとおり馬占山からの回答はなく、第二師団は十八日夜明けから黒龍江軍の攻撃をはじめ、午前中に黒龍江軍は総くずれとなり、十九日第二師団はチチハルに無敵入城を果たした。

関東軍がチチハルを占拠することに、特に対ソ連との関係で中央は難色を示し、「撤収」を要求した。

関東軍司令部では中央の強い命令に、これにどう対処しようと苦慮していたところ、なんと天津で二十六日午後九時半から、日本軍と中国軍の激しい交戦が始まったと伝えられ、第二師団主力を錦州方面に向わせることになった。

天津の方が忙しくなり、関東軍のチチハル撤収は棚上げとなったようであったが、チチハル周辺の情勢がやや安定を見せ、十二月十五日チチハル駐屯が認められる電文が中央から関東軍にとどいた。

「北満経略一般ノ方針ニハ変化ナキモ、現地の情勢ニヨリ、チチハルニ必要ノ時期マデ、一時、一部隊ヲ駐留セシムルコトハ、サマタゲナシ。」

錦州・爆撃、占領と天津・廃帝溥儀の脱出

張学良は奉天を失うと、錦州を軍政の拠にしようと九月二十七日、張作相を東北辺防軍司令官代理に任命した。

錦州に兵を集結して奉天に反撃することになれば、関東軍も張学良の動きを放置するわけにはいかない。しかし兵を動かして地上軍隊を錦州に進めるのは、中央の事件不拡大の方針から許されないであろう。

石原は十月八日、錦州爆撃を行った。石原も同行し、軍政権の庁舎、兵営などを爆撃した。

錦州については国際世論もあり、中立地帯設置案から張学良の自発的撤退などさまざま取りざたされたが、張学良が守備を固めていると蔣介石に報告したので、関東軍では錦州攻略の作戦に移っていった。

この間に、東京で十二月十一日若槻内閣は総辞職した。

政府の姿勢は十三日成立した犬養《いぬかい》内閣によって、大陸政策の転換が見込まれた。

対華不干渉主義の幣原《しではら》外交が姿を消したのである。

関東軍では十二月十三日、錦州攻撃方略を決定し、錦州攻略に向けて兵を動かしはじめ、十二月二十六日、攻撃体制ができあがり、二十八日、第二師団が田庄台から錦州へ進撃を開始した。

しかし、三十日になって張学良の軍隊は錦州より全面撤退を始め、一九三二年（昭和七年）一月三日、第二師団は錦州に無血入城した。


関東軍では九月二十二日の幕僚会議で溥儀を新政権の頭首として迎えることを決めており、天津にいる溥儀を満洲に引き出す工作に土肥原が当たることになった。

軍政下の奉天で、にわかに奉天市長に任命された土肥原は、十月十五日に奉天市長を辞し、ひそかに天津に入った。十月二十七日であった。

十一月四日には、土肥原から溥儀が満洲行きの意志のあることが伝えられた。

土肥原の作動で天津に暴動が起きたのが十一月八日午後、この時は溥儀は動けず、十日の暴動で溥儀は鄭孝胥《ていこうしょ》父子らと共に暗夜にまぎれて天津を脱出した。溥儀は中折れ帽に黒眼鏡姿で白河《ハイポウ》河岸で小蒸汽で塘沽《タンクー》に至り、十一日未明、塘沽より大連汽船の淡路丸で営口に向った。十二日に営口に着き、関東軍より派遣された甘粕正彦《あまかすまさひこ》が出迎えて、溥儀一行を湯崗子《とうこうし》温泉に入れた。それから溥儀は旅順に移った。

溥儀は吉林に政権を樹立したいとの願望から、進んで満洲に入ったのであった。

馬占山と協定成立、ハルビン入城

チチハルで日本軍に敗れた馬占山は海倫《ハイリン》に陣取っていた。

石原は張景恵を黒龍江省主席にすえて、この方面の安定を計ればどうかと板垣に話し、板垣も石原に同意した。

そこで板垣はハルビンに行き、十一月二十六日午後七時三十分から張景恵と会談した。

板垣は協定書を用意したが、張景恵は調印せず翌日の朝七時になって二人の論議は終った。

結論は張景恵の言う「馬占山を起用して、早く新国成立をするのがいい。」ということに落ち着いた。

こうして張景恵などの仲介で、板垣は馬占山と会うことになった。

十二月七日、板垣はハルビンを発って、馬占山のいる海倫に乗り込んだ。

馬占山は張景恵を黒龍江省長に推し、国民政府との関係を絶つことを約し、板垣と軍事協定を結んだ。その上で、翌年一九三二年（昭和七年）一月六日に松浦鎮《ショウホチン》に出ることも快諾した。

松浦鎮で馬占山は日本側にこう言った。

「日支共存共栄の下、張景恵と合作して黒龍江政府を建設し、一日も速やかに東三省に新政府を樹立し、民衆の諒解の下に溥儀を擁立すべきだ。」

こう日本側に語った馬占山は、翌一月七日にハルビンで張景恵と会った。

ハルビンへの進出は一九三一年（昭和六年）九月に、石原の北満一挙攻略の最重要地として攻略が計画されたが、中央のソ連軍との紛争を恐れるためのハルビン進出の阻止によって中断されていた。

一九三二年（昭和七年）になって、ハルビン周辺の情勢は大きな変化をみせた。

熙洽が吉林に新政権を宣言した昨年九月以来、賓県に居た張作相系の軍閥が反日、反熙の政権をつくり上げた。ハルビンには、この外、日本に好意を持つハルビン護路軍司令・丁《てい》超《ちょう》がいたが、丁超は熙洽としっくり行っていなかった。

関東軍の後押しをうけて、一月五日熙洽の吉林軍が北伐をはじめ、ハルビンに向って動き出した。

吉林軍は丁超軍と戦い、ハルビン市に暴動が起き日本人一名、朝鮮人三人が虐殺された。

二十七日には、関東軍の飛行機が丁超軍の射撃で、ハルビン附近に不時着して搭乗員が射殺される事件が起きた。

本庄はハルビン進攻の時が来たと、関東軍の各部隊に出動準備命令を出す一方、中央に部隊を派遣して、居留民の保護にあたらせたいと具申した。中央からは具申した翌二十八日に行動を認める返電があった。

第二師団が二十八日に長春に集結された。ところがここでソ連管理の東清鉄道が関東軍の移動に協力しなかったので、集結など軍事作戦がうまく展開されない事態になった。

だが三十日夕刻になって東清鉄道が動きはじめた。ソ連側が日本との衝突を回避したのであった。

第二師団は二月三日に攻撃をはじめ、五日朝にハルビンに入城した。丁超などの軍は敗走した。

丁超は翌年の二月二十八日に帰順し、満洲国の建設に加わることになった。

自治指導部へ

奉天から張学良の軍が逃げ出し、政権も消滅したので市内の治安を維持するため、本庄は急ぎ九月二十日に奉天特務機関長の土肥原賢二大佐を奉天市長に任命した。

軍人は土肥原だけで、軍政ではなかった。

次いで奉天省では、九月二十四日袁金鎧《えんきんがい》を委員長とする奉天地方自治維持会がつくられた。筆頭委員に于冲漢《うちゅうかん》の名があったが、于は身体をそこね大連で静養中であって、運動には直接関係していなかった。

袁金鎧、于冲漢は、すでに亡くなっていた王永江《おうえいこう》と共に、満洲文治派の三巨頭といわれていた。

会は関東軍と密接な関係にあり、治安の維持につとめた。

また、会は九月二十六日には、省政府の機能も果たせるよう名称を遼寧省地方維持委員会と変え、九月二十八日には、「独立宣言」を行い張学良、蔣介石にもそれを送った。

対張学良への作戦が続く中で、九月二十二日の関東軍参謀の協議で決まった有力者への工作は着々と成果をあげていた。

熙洽は九月二十八日、吉林省政府を改めて吉林省長官公署として、みずから長官となって独立を宣言した。

熙洽と時を同じくして東省特別区長官の張景恵もハルビンに帰って独立を宣言し張学良と関係を絶った。

十月一日には洮南洮遼鎮守使の張海鵬が辺疆《へんきょう》保安司令となって独立を宣言し、同時に東辺鎮守使の于芷山も関東軍に帰順を申し出た。

南満洲で国民党と張学良と手を切った独立政権が生まれる中で、これらの勢力をどう一つにまとめあげるか、どういう型で一体化するかが関東軍と民間の団体で論じられた。

民間では満洲青年連盟や大雄峯会《だいゆうほう》が特に活発であった。

大雄峯会は一九二七年（昭和二年）弁護士の中野琥逸《こいつ》を中心に結成され、のち一九二九年（昭和四年）満鉄の人事課主任の笠木良明が加わった。会員数は少なかったが板垣、石原と密接な関係を持っていた。満蒙を支那から分離し、独立した政治地区にしようと運動を続けていた。

一九三一年（昭和六年）十月二十三日、満洲青年連盟は「満蒙自由国建設案」を本庄に提出した。

それは「満洲に現住する諸民族の協和による独立国案」であった。

関東軍では翌日の十月二十四日、本庄、板垣、石原などにより「満蒙問題解決の根本方策」がつくられた。

独立満蒙新国家の建設、在満諸民族の共存共栄をはかる一種の共和政体をとる、そして主体は現地人だが、内面で日本が支持促進するとする。ここでは溥儀にふれていない。

満洲青年連盟が十月二十三日に、本庄に「満蒙自由国建設案」を出して数日後、青年連盟理事長の金井章次は慰労のためと奉天の料亭「金六」に招待された。宴には関東軍の参謀がずらりと並んだが、宴のなかば参謀たちは一斉に服装を整えた。そして配られたのが、先日金井が提出した建設案であった。

金井は参謀たちからいろいろ難問を受けたと回想しているが、内容にはふれていない。ただ翌日、金井が所用があり関東軍をたずねた時、偶然廊下で石原に出会った。

その時、石原は言った。

「オイ金井君、俺は俺の案をやめて、君の案に拠るよ。」と。

金井はその時の気持をこう書いている。

「私はその時、瞬間的に、従来、昭和四年の石原案と言われた満洲占領政策を放棄して、独立国家に賛成したものと直覚した。」と。

本庄は国の型体はともあれ、目下南満洲で進みつつある各省など地方の独立を宣言した地域をどうとりまとめるか、板垣、石原と協議した。本庄はどんな組織をつくるにせよ日本人は最少の人数にし、主体はあくまで現地人にしようと考えていた。この土地に歴史的に伝わる自治の形を採り入れて、組織づくりをするため満洲青年連盟や大雄峯会の幹部と本庄、板垣、石原などは協議を重ねた。

その結果、自治指導部を創設することとなった。

地方自治を確立して、やがて民主独立国家に至ろうというわけである。

この組織のトップに、本庄は張作霖の軍事顧問をしていた時に親しく交わっていた于冲漢をもってこようと考えた。

于冲漢はこの時六十歳であった。奉天省遼陽県の出身で、日本で育ち、日露戦争の時、通訳として日本軍に協力した。

病気のため大連で静養中であったが、九月二十七日に遼陽の本宅に帰って来て休養していた。

満洲事変直後に、本庄は乃木軍の軍医で于冲漢の親友でもあった守田福松医師に、于冲漢の出馬をうながしに大連まで行ってもらった。

于冲漢は、「病弱体に耐えず。愚息を用いていただきたい。」と懇請を断った。

本庄は自治指導部が具体化したので、十一月一日、再び守田に于冲漢の居る遼陽に行ってもらった。

本庄は出馬と共に、東北四省の統治の方針についての意見を求めた。

于冲漢は次の六ヶ条をあげた。
1、本国および南京政府から独立した自治政治をおこなうこと。
2、警察を強化して、軍隊は置かないこと。

3、日本と提携して露国に備えること。
4、地方は県自治を施行すること。
5、産業の興隆開発に努めること。
6、政治の方針は外国の主義に倣わず、古来より伝わる王道に則ること。

本庄は于冲漢の六ヶ条を守田から渡され、いよいよ于冲漢を考えている自治指導部長にとの思いを強くした。

十一月二日に「明三日行く」との電報が于冲漢から守田にあった。「護衛も迎えも不要」との伝言もあったが、本庄は遼陽まで迎えの者を送り、于冲漢は三日午前十一時半、奉天駅に着き、軍司令部に本庄をたずねた。

本庄と于冲漢は、本庄の張作霖の顧問以来の対面であった。

本庄は再会を喜びながら于冲漢の身体をいたわり、自分の思いを率直に語った。

「軍の方針は、領土の占領、権益の伸長ではなくて、満洲をりっぱな独立国とし、日満の親善を実現し、日支親善、アジア大同の模範を作りたい。」

本庄の言葉に耳を傾けながら、本庄の求めにこたえて于冲漢は次のような意見を述べた。

1、絶対保境安民主義
旧軍閥政権及び南京政府との関係を断絶し、新独立国家を建設。王道主義を根幹とす。
2、民心を一つにし、民力をはぐくむこと。
3、警察制度の大改革
　保安警察と行政警察との区分
4、新政権の不養兵主義
　神聖な王道政治に軍隊は必要でない。
5、その他産業政策、道路行政、合弁事業など各方面に及ぶ。
本庄はじめ同席の参謀は于冲漢の誠意にあふれた熱意をこめた言葉に感動した。

本庄は守田を于冲漢に送る前に石原に、于冲漢を自治指導部のトップにしようという思を伝えていた。

于冲漢が奉天に出て来て石原も于冲漢の考えがわかったので本庄は石原に言った。

「于冲漢の人物はおわかりであろう。御本人に会って話し合ってくれないか。」

石原は于冲漢に会って語った。

「満洲国が真に独立国となるためには、第一に五族は絶対に平等でなくてはなりません。外国のいろいろな権益を回収するためには、まず日本が治外法権を撤廃し、満鉄経営を合弁とし、附属地を返還し、旅順・大連も、独立の贈物として呈上し、権益返還のお手本を、欧米各国に示すべきだと思っています。」

　于沖漢は石原の発言に驚いた。南満洲を占領しようとしている日本が、すべての権益をなげ出すというのである。

「石原さん、あなたはお年若だが、抱負は実に大きい。一帯のような満鉄の附属地と、猫の額ほどの旅順・大連を投げ出して、満洲全体を手中に収めてしまう。あなたのおっしゃることが実現したら、三〇〇〇万民衆は、ころりとまいります。いや四億の漢民族にしてからが、手放しで感泣します。」

「于先生、今日は、小さな権益にへばりついている時じゃありません。必ず近い将来、東西分け目の世界最後の決戦が起こりますよ。それまでに、日本と中国とが完全に協同して、兄弟国となり、最後の戦に打ち勝たねば、真の平和は地上に到来しません。現在の日本人は、隣国に対して、ただ権益を主張する利慾の奴隷のようなものです。それを打破しなくてはならぬ。だが、これは学良政権を打到した以上に困難が伴います。」

「では、貴国の状態は、満洲と同じですか。」

「そうですとも……日本には、軍閥といい、党閥といい、官僚閥といい、いろいろな名目の我利我利亡者どもがおります。私は、軍人ですが、軍閥外の軍人です。満洲建国は、あなたに一任して、これから軍閥とたたかいます。」

于冲漢は本庄に自治指導の長を受けるとは言っていなかったが、石原に会って、石原の構想に共鳴して自治指導部長に就任することにした。

十一月十日、于冲漢を部長に自治指導部は発足し、満洲国建国への原動力となった。

ここで于冲漢と石原について述べておかなくてはならないことがある。

石原は満洲国建国の年、本庄と共に満洲国を離れた。

于冲漢もこの年の三月、自治指導部が解散し、于冲漢の思いを息子の于静遠《うせいえん》がついで満洲国建国に参加した。

病身をおして満洲国の建国に尽力した于冲漢は一九三五年（昭和十年）春、死去した。

この年、石原は参謀本部作戦課長となり、八月に公用で満洲国に渡った。

石原は大連に着くと係の者に、遼陽に一泊すると電報を打った。

何故、遼陽に一泊されるのかと石原にたずねると、「忠霊塔に敬意を表し、于冲漢の墓に参るので、花を二くみ用意するように。」とのことであった。

遼陽で一泊して翌朝、忠霊塔で合掌して、「南無妙法蓮華経」と唱えた。

それから于冲漢の墓に向った。

遼陽郊外二里ほどの小部落、そこの小高い丘のうえにあった。小松とアカシアの林の中央に塚が三つあった。金色の参謀飾章を肩に吊った石原は協和服をきた随員とともに、墓前に立った。自動車をおりて、泥路を一〇〇〇メートルほど歩いたため、長靴に泥がこびりついていた。

石原は、寿量品《じゅりょうぼん》第一六の経文をよみあげて、亡き于冲漢の霊を慰めた。

読経が終ると、随員たちに言った。

「于先生こそ、民族協和の土台をかためた満洲国の元勲だ。今の馬鹿ども、この大恩人の功績を忘れている。日本人も、満洲国人も、こういうところに眼がさめぬと、折角きずきあげた国家は、ゴマノハイみたような奴の喰物となって、破滅だ。」

墓守が馳けつけて来ていた。

「大人は、どなたさまでしょうか。」

石原とわかって、たちまち部落はわきかえった。帰りには、村長はじめ村人が総出で路傍に並んで一行を見送った。

村長は、ぜひ私の家にお立ち寄りくださいと石原に言ったが、石原は、公務の暇をぬすんで、于先生の墓参りにきたのでゆっくりできないと断った。

村民は村長と共に、石原を自動車の待っているところまで見送り、村長は自動車の窓ガラスに額をおしつけて、おろおろと声をあげて泣いていた。

この話を石原からきいた山口重次は、東京にいた于冲漢の息子の于静遠に書き送ったところ、于静遠も感激の涙で面をあげえなかったと、後で友人から聞かされたという。

帝制か共和政体か

本庄は溥儀の処遇をそろそろ考えなければならないと、一九三二年（昭和七年）に入って溥儀の意を確かめようと、一月二十九日、板垣を旅順のヤマトホテルにいる溥儀をたずねさせた。

板垣は溥儀に説明しながら言った。

「貴下を清朝の復辟《ふくへき》でなく新国家の元首として推戴しようとする気運がみなぎっている。」

溥儀は元首につくことには賛成したが、復辟にこだわって帝制を強く主張してゆずらなかった。

板垣は溥儀の真意をはかりかね、側近の鄭垂《ていすい》にただしたところ、「今日のところ溥儀は、希望と意見を述べただけである。」との返事であったので、溥儀は元首になることを受諾したと感じ取って、本庄にそのことを報告した。

その頃、各地の政権実力者の意見を板垣は会談を重ねてきき取っていた。

吉林派の熙洽や謝介石は復辟派であったがそれに固守しないで、元首に溥儀を迎えようとした。

奉天派の臧式毅《ぞうしきき》や袁金凱は共和政体の独立を希望し、復辟に反対した張景恵はこれに同調した。

馬占山は張景恵の意見に従うということであった。

于冲漢は保境安民、独立国家論であった。

蒙古の王侯諸族は復辟を希望した。

関東軍では、二月五日に第一回の参謀会議を開き情勢判断と新国家後の青写真を検討し、この会議は二月十一日までに七回もたれた。

二月十六日、馬占山が奉天に到着後の日程が組み込まれていった。

協議を経て満洲建国への道筋が明らかになりつつある中で、板垣は二月十日ハルビンに飛んで吉林系と張景恵、馬占山との紛糾を調停し、二月十五日、張景恵と共に奉天に帰って来た。

二月十六日、馬占山は予定どおり奉天に着き、午後四時に張景恵、馬占山、熙洽、臧式毅の四巨頭が軍司令部に本庄を正式訪問した。

ようやく、ここに満洲国建国の第一歩が印されたのである。

本庄、板垣、石原は共に、関東軍が直接かかわらない現地有力者による新国家の出現を期待していた。

本庄は常々言っていた。

「私は長らくシナの軍事顧問をしてきた。またこんどの事変でいろいろと経験をした。その結果から、日本人官吏の数は、少なければ少ないほどいいということがわかった。（中略）新政府の役所はシナ人にやらせ、日本人は有能な人より、有徳の人を一人ずついれる程度にしたほうが、新国家の独立を進めることになると思う。」

この日、十六日の午後八時より趙欣伯《きんはく》邸で第一回の建国会議が開かれ、四巨頭の外、現地有力者が加わり、日本人は板垣、駒井などが列席しただけで、会議は現地の有力者ですすめられた。

この会議で建国三大原則がまず決定された。

○新国家を建設すること。

○その前提として、北東四省を打って一丸とする新政権、最高政務委員会を組織する。

○最高政務委員会は新国家建設に関する準備を急速に整えること。

最高政務委員会は新名称を用い、委員長を置き、二月十七日発会式をあげ、委員に四巨頭のほか湯玉麟、凌陞《りょうしょう》、斉王を加え、首都を長春とするなど決めた。

ただ国体については、翌午前三時まで論議されたが、帝制か共和制かは結論に至らなかった。

翌十七日午後二時、張景恵邸で第二回の建国会議を開いて、省政府で東北行政委員会を結成した。

委員長に張景恵、委員に臧式毅、熙洽、馬占山、湯玉麟、斉王、凌陞の六人が選出された。

十八日午後三時、東北行政委員会は、奉天省政府で新満洲国家の独立建国宣言を発表した。

二十、二十一日と建国会議は続いたが、政体だけがなかなか決まらなかった。

二十一日には旅順から、鄭孝胥、羅振玉などが奉天に来て板垣に会って帝制説を主張した。

本庄は政体の論議の決着がつかないので、板垣を旅順に送り、溥儀の説得に当たらせた。

板垣は二十二日朝、溥儀に会って、本庄の意向を伝えた。

本庄、板垣、石原は清朝の復辟を望んでいなかった。

このことについては、東北行政委員会の張景恵も取りまとめに苦慮していたが、本庄の意見を受け入れて溥儀を執政とする民主共和制ということになった。

本庄は言った。

「国体は民本制にし、政体は執政政治とし、執政が善政をして幾年かたち、人民が帝徳を渇仰して推戴された時、皇帝に即位すべきである。」

二十四日に板垣は奉天に帰り、本庄に溥儀が本庄の意を了解したと報告した。

東北行政委員会は論議が最終決定したとして、二月二十五日、組織大綱及び新国家建設の通電を日、支、英の三国語により発した。

その内容は

○新国の名称は満洲国

○元首を執政といい

○年号を大同と号し

○国旗は新五色旗を用い

○首都を長春とする

というものであった。

新国家の政体が定まり、いよいよ満洲国の重要職を決めようとしたが、うまくまとまらないので、板垣は本庄の命をうけて旅順に行き、溥儀の意見をうけ入れて、首脳部人事が次のとおり決められた。

国務院長鄭孝胥、副院長臧式毅、参議府長張景恵、副議長袁金凱、監察院長于冲漢、立法

院長趙欣伯、民政部総長熙洽、財政総長栄厚、軍政部総長馬占山、実業部総長張燕卿《ちょうえんきょう》また
は丁士源《ていしげん》、交通部総長丁鑑修《ていかんしゅう》、外交部総長謝介石または汪栄宝《おうえいほう》、司法部総長林啓《りんけい》、侍従武官
長張海鵬。

この人事はそのまま決まらず、板垣は鄭孝胥、熙洽などと交渉を重ね、三月六日、溥儀が旅順から湯崗子に着いた夜、板垣は溥儀に会って、首脳人事を最終的に決定した。

内容と異なるところは次のとおりである。

参議府副議長湯玉麟、議員袁金凱、羅振玉、張海鵬、貴福、民政部総長臧式毅、財政部総長熙洽、司法部総長馮函清《ひょうかんせい》、最高法院長林啓。

新国家の領域は、奉天、吉林、黒龍江、熱河の四省、呼倫貝爾《ホロンバイル》、哲里木《チョリム》、昭烏達《チャオウタ》、卓索図《チョソト》の各盟である。

五族協和・満洲国建国

一九三二年（大同元年、昭和七年）三月一日午前九時、奉天の張景恵邸で東北行政委員会委員長張景恵は、満洲国政府の名で建国宣言を発表した。

宣言には、「三千万民衆の民意で中華民国との関係を絶ち、満洲国を創設し、」「政治は民

本主義により、在住する諸民族は平等であり、」「王道主義を実行して、世界政治の模型となり、」「門戸開放、機会均等を行う、」と新国家の姿が明示されていた。

溥儀は三月一日、三月四日、三月五日の三度の元首就任の懇請をうけ、ようやく五日にこれをうけた。

そして三月六日旅順を発って、湯崗子温泉に入り、八日長春に向った。

三月九日午後三時、長春七馬路の長春市政公署で、建国式、執政就任式がとり行われた。

溥儀は帝政に固執し続けたけれど、帝政派は少数で最後に本庄が差し出した執政に落ち着くことになった。

曇天ではあったが暖かい気温の中、溥儀は廃帝から新満洲国の執政として、国の頂点に座す地位についた。

新国家の体制づくりの中で注目されたのは、建国の精神的な支柱となってきた自治指導部の存在であった。新政府の組織と競合してはとの懸念から、結局廃止ということになった。于《う》冲漢の理念が建国の目標でもあったので石原はじめ多くの人が廃止に反対した。

黒龍江省長官として満洲建国に協力した馬占山が、四月三日チチハルを出て十二日、黒河で反政府、反満抗日を表明した。この反乱は六月末に関東軍が馬占山軍を破って一応の終結をみた。

廃止になった自治指導部の流れをつぎ、石原が情熱を傾けてつくりあげた協和会は、七月二十五日、新京で盛大に発会式がひらかれた。

ところがこの十数日後の八月八日の陸軍の定期異動で軍司令官の本庄以下、幕僚の大半が内地への転任となった。

本庄は軍事参議官に、石原は大佐に昇進し兵器本廠付で内地に帰った。板垣だけが一九三七年（昭和十二年）三月まで満洲にとどまった。

本庄に代わって関東軍司令官に武藤信義大将が、駐満全権大使と関東長官を兼ねて発令された。参謀長に小磯国昭中将、参謀副長に岡村寧次《やすじ》少将が就任した。

本庄、石原、板垣の名コンビが創生した新満洲国・独立国家、民族協和は建国の第一歩で、主を失い挫折することになる。

山口重次は言う。

「端的にいえば、本庄時代の指導方針は、大アジア主義にもとづいた満洲国の独立育成にあった。しかるに、八月に交替した武藤軍司令部、ことに、小磯参謀長の方針は、資本主義に立脚した満洲国を日本の属国化し、植民地化することにあった。

本庄時代には、日本の権益主義者からマルクスボーイと評されたが、小磯時代には、日本の官界、財界からは万雷の拍手をあびた。ただし、建国当初には、満人の要人や新人が身命を賭して建国に奔走したが、のちには、怨恨をいだくようになった。登場人物も、はじめは、愛国純真な士であったが、あとからは、阿諛《あゆ》迎合の俗物がとってかわった。」（『満洲建国―満洲事変正史―』昭和五十年刊）

七月になると日本の本庁から官僚が続々と満洲にやって来た。優秀な人間ばかりであり事務は見事に処理したが、満洲建国の理念を理解し、満洲と満人の事情は知るところでなく、この人たちにとって満洲は官僚の一つの通過点に過ぎなかった。

満洲問題について、国際連盟では一九三一年（昭和六年）十二月、日支紛争調査委員会を決め、翌一九三二年一月、リットン伯など五人が委員に任命された。

リットン調査団と呼ばれた一行は、一九三二年（昭和七年）二月フランスを出発して、アメリカ、日本、上海、北平を経て、四月二十日奉天に着いた。

調査団は六週間にわたって満洲各地をまわり、要人と面接を重ねて、六月五日北平に飛び、東京、北平を行き来し、九月四日報告書が完成した。

国際連盟では、十一月二十一日から二十八日まで理事会が開かれ、リットン報告書に対する日支両国の意見が双方から述べられた。

臨時総会、特別委員会が次々に開かれ、翌一九三三年（昭和八年）二月二十四日の総会で報告書は賛成四二対反対一、棄権一（シャム）で採択された。

ここで日本の代表松岡洋右は、「日本政府はいまや日支紛争に関し連盟と協力する努力の限界に達したと感ぜざるをえなくなった。」と述べて、日本代表団は退場し、三月二十八日に日本は連盟に脱退を通告した。

満洲国から満洲帝国へ

溥儀は執政には不満で、一日も早く帝位につきたいと思っていた。

幸い本庄、石原などが異動した関東軍では武藤も小磯も帝政に賛成と思われていた。一九三三年七月武藤が死去し、跡を継いだ菱刈は帝政を武藤の意をついで推し進めた。

溥儀は本庄が「何年か経って〜」と言ったのを二年と読みかえ、一九三四年三月一日に帝政に移る意志を重臣にあかしていた。

一九三四年（大同三年、昭和九年）一月、重臣たちは会議を開き、三〇〇〇万民衆の即位請願をうけて、建国二周年記念日にあたる三月一日即位大典の盛儀を挙行することを決議した。

帝政と言っても、満洲国での清朝の復辟ではないのだが、溥儀は北平から光緒帝が即位のときに用いた竜袍《ロンパオ》をとりよせ即位式に臨もうとしたが、重臣に即位式には大元帥服を着なくてはならないと告げられた。

板垣が妙案を考えたと言われる。

早朝に清朝の古式にのっとった儀式を挙行し、その後、即位式を行うというものであった。

三月一日、午前八時、新京郊外杏花村の順天広場に設けられた天壇で、溥儀は竜袍をまとい満洲の古式に従って祭典をおえた。

正午から宮内府勤民楼の大広間で、溥儀は大元帥服を着て即位式をあげた。

溥儀は満洲帝国第一代の皇帝の地位についたのである。

6　ロシアの東清鉄道、満洲帝国へ

ロシアに残された東清鉄道

日本に長春（寛城子）より南の鉄道を譲渡したロシアに残された東清鉄道は、ハルビンと満洲里の間の九三五キロの浜洲線、ハルビンと綏芬河《すいふんが》の間の五四六キロの浜綏線、それにハルビンと長春（寛城子）の間の二四〇キロの京浜線の合計一七二一キロの三線となった。

この三線の附属地には、東清鉄道に与えられていた権益がそのまま引き継がれていた。ロシアのこの三線は、ロシアと清国、国民政府の政変でたびたび存続が危まれたが、ロシアの手を離れるまでロシアの管理下にあった。

一九一一年の中国の辛亥革命で中華民国が生まれたが、ロシアは三線の権益を保持し、一九一七年のロシア革命でロマノフ王朝が倒れソ連となると、一九一九年一度は東清鉄道の放棄を明らかにしながら、結局その方針をとりさげた。

一九二四年五月、中・ソ両国が国交回復のため北京条約が結ばれ、その中でソ連の東清鉄道の権益が認められた。この年の九月には奉天政権の張作霖が北京政府を無視してソ連と奉ソ協定をとり決めた。

張作霖が爆死して、子供の張学良の時代になって、一九二九年七月張学良が協定違反を口実に武力でソ連の東清鉄道を回収しようとしたが、ソ連軍に敗れ十二月奉天政権はソ連の東清鉄道の権益を認めるハバロフスクの議定書を取り交わした。

国民政府はこの議定書を認めず、ソ連に東清鉄道の売却を求め、モスクワで交渉を行っている時、満洲事変が起こってこの交渉は立ち消えとなった。

一九三二年三月一日、満洲国が誕生した。満洲国側はソ連に、東清鉄道について中国が持っていた管理権などを満洲国に移すこと求め、ソ連側もこれを認めた。また満洲国側は東清鉄道の名称を北満鉄道に変えるようソ連側に提案した。一九三三年五月に、ソ連側が同調したので、東清鉄道はこの年の六月一日から北満鉄道と呼ばれるようになった。

経営、管理については、満洲国ではこれを交通部に移してソ連と共同経営することになった。

とは言っても、ソ連は北満鉄道附属地の権益を握っていて、沿線にソ連兵が配置されていた。満洲国が生まれても、北満洲の北満鉄道より北の地方には満洲国の統治が及ばない空白地帯となっていた。

北満鉄道、売却へ

一九二八年十月からソ連では第一次五ヶ年計画が始まり、日本側との紛争をさけようとしていた。

日本では内地で軍部が対ソ強硬論に傾いていて、ソ連との協調は全く考えていなかった。しかし、ソ連では国内建設を最優先としていたので、これまで権益を争ってきた日本が満洲事変の中、満洲に進出するのを黙って見過ごし、日ソ不可侵条約を結ぼうと考えていた。

一九三一年（昭和六年）十二月三十一日、芳沢謙吉《けんきち》駐仏大使が犬養内閣の外相に就任のためモスクワを通った時、ソ連外務人民委員のM・リトビノフが不可侵条約締結を働きかけてきた。

翌一九三二年（昭和七年）一月にはソ連の駐日大使A・トロヤノフスキーが犬養が外相を兼務していたので、犬養に会って正式に不可侵条約を申し入れた。

日本側が返答しなかったので、この年の十一月国際連盟の総会に出席するためモスクワに立ち寄った松岡洋右に再び申し入れた。

結局、この年の十二月十三日に内田康哉《こうさい》外相が正式に拒否して、この時には条約は成立しなかった。

ソ連では極東に兵力を増員する余力がないので、北満鉄道の周辺で日本軍との軍事紛争が起こることに神経を使っていた。日ソ不可侵条約の締結を日本に求めたのも、そのためであった。

一方、ソ連の保有する北満鉄道は、この数年間赤字ということであり、ソ連にとって重荷となりつつあった。

不可侵条約を日本に提言しながら、もう一方で北満鉄道売却の申し入れがソ連から日本に持ち込まれていた。

一九三二年(昭和七年)四月十五日、在日ソ連大使トロヤノフスキーから芳沢謙吉外相に北満鉄道を含めて、日ソ間の諸問題について協定を結ぶための話し合いを持ちたいとの申し出があった。

この年の八月二十九日にはモスクワで、駐ソ連大使の広田弘毅《こうき》が外務人民委員代理のカラハンに、北満鉄道の譲渡についてたずねたところ、九月十六日にソ連の有力閣僚が譲渡に同意しているという回答があった。

そこで広田弘毅が本省にその事を伝えたが本省からはなんの指示もなく、この件はこれで終ったと思われた。

しかし、年が明けた一九三三年（昭和八年）に事は大きく動いた。五月二日にソ連外務人民委員のリトビノフが広田大使の後任の太田為吉駐ソ大使に、北満鉄道を日本、あるいは満洲国に譲渡したいと申し出て来た。

ソ連に対しては中央の陸軍内部で対ソ強硬派が力を持っていたこともあり、ソ連との紛争を予測してその時にはシベリア攻略もあり得ると考え、そうなれば北満鉄道は自然に日本のものとなるのであるから何も金を出して北満鉄道を買うことはないという意見もあった。

一方、満洲国の外交部次長大橋忠一《ちゅういち》が北満鉄道の買収を強く政府に迫った一幕もあり、陸相が対ソ強硬派の荒木貞夫から林銑十郎にかわって陸軍も北満鉄道の買収を認めることになった。

日本政府はこうしてソ連よりの北満鉄道買却を受け入れることを決め、直接買収交渉に当たるのは満洲国が適当として、日本は交渉の仲介斡旋の立場に立つことになった。

この年の五月二十九日に太田為吉駐ソ大使を通じて、ソ連に日本政府の意向を伝えさせ、交渉は東京で行いたいと申し出た。

ソ連側は六月三日に日本側の提案を受け入れると返事して来た。

北満鉄道の買収交渉が始まることになった。

一九三三年（大同二年、昭和八年）六月二十一日、日本の仲介で東京の外務次官官邸で北満鉄道譲渡交渉は始まった。

全権委員には満洲側から丁士源駐日公使、大橋忠一外交部次長が、ソ連側はユレネフ駐日大使、カズロフスキー外務人民委員部極東部長、クズネッオフ北満鉄道理事長が就任し、オブザーバーとして西春彦《はるひこ》外務省欧米局第一課長、陸軍省から軍務局渉外班長鈴木直一中佐が参加した。

第二回の会談は六月二十八日に開かれた。この会は大橋忠一の回想によると、買収価格の問題が争点となり、ソ連側は満洲側から買価を出せと言い、大橋は売り手のソ連が表明するのが筋道だと言って折り合いがつかず、第三回の会議で双方が同時に価格を出すことになった。

第三回は七月三日に開かれ、価格が示された。

ソ連側は二億五〇〇〇万ルーブル（日本円、六億二五〇〇万円）、満洲側は日本貨五〇〇〇万円、その差は余りに大きかった。

この差をつめ合意に至るまでに、何度も会談は中断し、最終的には一九三四年十二月二十一日、外相広田広毅がユレネフ駐日大使との会議で、大綱について原則的に話し合いがまとまったのである。

大橋忠一は回想する。

「こうした紆余曲折を経て会談を重ねること四〇回、年を閲《けみ》すること三年、月にして延べ二〇ヶ月。」


一九三五年（康徳二年、昭和十年）三月二十三日

一九三五年（康徳二年、昭和十年）三月二十三日午前、霞ヶ関の外相官邸で、広田外相立ち会いでソ連と満洲国の間で譲渡の調印が行われた。

「北満鉄道（東清鉄道）に関するソヴィエット社会主義共和国連邦の権利を満洲国に譲渡する為の満洲国、ソヴィエット社会主義共和国連邦間の協定」が、満洲国政府代表駐日満洲国公使丁士源、外交部次長大橋忠一、北満鉄道督弁公署参賛烏沢声《うたくせい》とソ連邦政府代表駐日ソ連邦大使ユレネフ、外務人民委員部局長カズロフスキー、及び北満鉄道理事長クズネッオフとの間で署名された。

買収価格は日本円一億四〇〇〇万円、他に従業員の退職金三〇〇〇万円で、譲渡された鉄道は一七二一キロであった。

調印された三月二十三日（日本時間午前十一時）北満鉄道のすべての駅でソ連から満洲国側へ極めて整然と事務の引き渡しが行われた。

この日の午前十時（満洲時間）北満鉄道本社管理局で、満洲国鉄道総局長宇佐美寛爾《かんじ》と北満鉄道のルディ局長との間で事務引き継ぎが行われ、運転指令室でルディ局長が全線の駅に辞任の挨拶を伝えると、ソ連の従業員は職場を去った。

ソ連より引き継ぎを受けた北満鉄道は、満洲国が接収したのだが、同日に満洲国交通部大臣と満鉄総裁の間で委託経営、借款契約が締結され、北満鉄道の経営はすべて満鉄に任されることになった。

日露戦争の結果、日本がロシア帝国から譲渡された東清鉄道は満鉄として三〇年ばかりの歳月を経て来た。ロシア帝国から移譲された権益は清国、奉天政権、中華民国とのせめぎあいの中で守られて来たが、ここには新しく建国された民族協和の理念は見られなかった。

今日、ソ連から買収した北満鉄道の駅々は日本人にとって権益騒動に巻き込まれたことのない処女地であった。

浜洲線には、日本人の手垢《てあか》のつかない駅と土地が広がっていた。

満洲里はソ連との国境にあった。ハイラルは早々に関東軍によってソ連を見すえた大要塞建設に着手され、軍都となる運命にあった。

扎蘭屯《ジャラントン》はロシア帝国の時代、ロシアの文化を北満に開花させた美しいロシアの街につくりあげられていた。

やがて日本人が移り住み「満洲の軽井沢」といわれるようになった。

ここではロシア人、蒙古人、満人（漢民族・満族）、朝鮮人、日本人など諸族の民が肩をよせあって、平和な生活をくり広げていた。

7　扎蘭屯《ジャラントン》の夜明け

ロシア帝国の華、扎蘭屯

浜洲線の建設工事は一八九八年（明治三十一年）六月にハルビンに建設事務が開設された日から始まった。

扎蘭屯に駅を置くことに決めたロシアの鉄道建設にたずさわったロシア人の目は高かった。

扎蘭屯は清朝時代、清朝が直接に管理する狩猟地とされ、康熙帝の時代、康熙二十三年（一六八四年）にロシア帝国の進出に備えるため蒙古の諸族を編成し、布特哈《ブトハ》八旗とした。雍正《ようせい》五年（一七二七年）に正藍《せいらん》、鑲藍《じょうらん》の二旗を設けて布特哈総管に所属させ、光緒二十年（一八九四年）には、満洲族語で「扎蘭」という清朝の八旗制度の中の「甲喇章京」（武官の名称）にあたる役所を布特哈におき、その扎蘭の副官を常駐させたことから、「扎蘭屯」という地名がおこった。

　ということで扎蘭屯は満洲でも珍しく緑ゆたかな土地であった。

　ロシア人は扎蘭屯に目をつけ、東清鉄道の駅を天拝山の前に置いた。彼らはこの土地が清朝の狩猟地であるずっと昔に、蒙古人の聖地とも言える山をかかえているのを知った。天拝山である。この山にはチンギス・ハンにまつわる伝説があり、遊牧の民である彼らが思いを寄せていた。また、この山からは扎蘭屯がすっかり見わたせた。

駅が天拝山の下に置かれると、周辺は東清鉄道の附属地とされて、ロシア帝国の絶対的かつ排他的な行政権が認められることになった。ロシア帝国の領土並の土地となったのである。

　ロシア帝国は浜洲線、浜綏線、浜京線など各線の中心都市としてハルビン市を建設した。扎蘭屯は大興安嶺のすそのにあって、夏は涼しく、冬は比較的暖かな気候で、自然豊かであるので、ここをロシア人の避寒、避暑の地にしようと考えた。

　幸い附属地一帯に集落はなく、蒙古の遊牧の民が往来しているだけであったので、ロシア人は自由に街の設計ができた。

　天拝山から西を眺めると山々が南北につらなり、その西の山々と天拝山の間に、清い流れのヤール河があって、緑の森はヤール河と天拝山の間に広がっていた。

ロシア人はヤール河と天拝山の、やや天拝山寄りに道をつけ、この道から天拝山の間に街をつくりあげた。

駅を中心に北側に碁盤の目のように道をつけ、住宅地とし、そこに保養地の施設をつくった。

避暑ホテル、植物園、温泉ホテル、音楽堂などが建てられ、南側には教会や守備隊兵舎などがあり、更に南に一九〇〇年に入って、清国人に許可した集落があった。

ヤール河の支流が流れる森の中に公園がつくられ、美しい吊橋がそこにかけられた。

これらのものは、ほぼ一九〇五年頃までにつくりあげられ、やがて欧州からの観光客も扎蘭屯に来るようになったという。

満洲帝国・五族の民族共和の扎蘭屯

一九三五年（康徳二年、昭和十年）三月二十三日午前十時（満洲時間）ソ連が満洲国に北満鉄道を譲渡する調印式が東京で行われた。

北満鉄道ではハルビンの運転指令室から、ソ連側のルディ局長が全線の駅に辞任の挨拶を告げ、扎蘭屯駅でもこれを受けて、極めて整然とソ連人の駅員から満鉄の職員に業務が引き継がれた。

この時、満鉄からは鈴木卯之吉が駅長として引き継ぎに立ち会った。引き継ぎののち撮られた記念写真が残されている（次頁）。

この日、この時こそ、新生扎蘭屯の誕生の瞬間なのである。

そこで、次に当時の扎蘭屯の現況と扎蘭屯に足を踏み入れた人々の手記をのぞいてみようと思う。


『北鉄沿線概況』

康徳二年三月（昭和十年）哈爾浜《ハルビン》鉄道局

扎蘭屯《ジャラントン》
位置
斉々哈爾《チチハル》の西北、博克図《プハト》の東南一二二・七キロに位置し附近に大興安嶺の支脈あり。清流雅魯《ヤール》河は西側を南流す。西及北は遙かに群山重畳し自然の障壁をなす。
気候
地形的に恵れ冬は概して暖く平均零下二〇度、最寒期に於て三〇度を越ゆること稀なり。

ソ連側職員と記念撮影
前列中央の二人が日ソ駅長

初代駅長　鈴木卯之吉氏

ソ連警備隊長と駅ホームで撮影

北鉄⇒満鉄　扎蘭屯駅接収記念写真
康徳２年（昭和 10 年、1935 年）３月 23 日
故 鈴木実さん（扎蘭屯小学校１期生、初代扎蘭屯駅長ご子息）提供

夏は極めて涼しく平均一八度、最高温度三五度なり。樹木に富むを以て初夏の候は新緑陰に風涼しく雅魯河の清澄と共に極楽境の感あり。—中略—北鉄接収後は北満の軽井沢として絶好の避暑避寒地となるべし。

沿革

当地は鉄道沿線随一の避暑地として其名遠く南支欧羅巴《ようろっぱ》迄響けり。四五〇年前迄は狩猟を生業とする蒙古索倫人の小部落に過ぎざりしか鉄道の起工と共に幾千の支那人は山東、直隷地方より移住し来り建設に従事せり。以後オストロウモフ東鉄管理局長たりし時西部線の繁栄策として当地を避暑避寒の別荘地として諸般の設備を施せしよりつとに著名となりたり。

—以下略—

人口（康徳元年、昭和九年四月一日陸軍調査）

満洲人	九〇二戸	五、三五八人
無国籍露人	五七戸	二四二人
蘇連人	五四戸	二二八人
蒙古人	三七戸	五〇三人
日本人	二八戸	一〇一人
朝鮮人	一一戸	七九人

其他外国人　一〇戸　五七人
計　一〇九九戸　六、五七五人
以下略―

『西北満雁信』
康徳十年（昭和十八年、一九四三年）九月刊
合資会社　育英書院
著者　日野岩太郎

本書は著者が「今回満洲旅行は、昭和十四年（康徳六年）五月末から、同十七年（九年）七月上旬までの満三ヶ年余りでした。」と「最後に」書き記しており、「扎蘭屯旅情」は文中の記述「前年の張鼓峰事件は」によって、扎蘭屯の旅は康徳六年（昭和十四年、一九三九年）ということがわかる。

七、扎蘭屯旅情

「今朝六時の温度は……零下一度……」かうしたラジオの気象通報を夢うつつにきいて、また深い眠むりに落入つてからどのくらいたつたでせうか。たうとう蒙地を踏んだのが！

——中略——

この扎蘭屯といふところは、もともと旧帝政時代のロシアが、避暑の目的を以て拓いた土地でありまして、興安東省の省公署の所在としてよりも、むしろ、ひとつのラジューム鉱泉があることによつて、遠く欧州にも知られているのだそうです。——中略——

爽快な気分になつてホテルを出ると既に太陽は中空にのぼつているらしいのに、まだあたりは一面の霧の海です。けふは礼拝（日曜）であるためか人通りもなく、カチユーシヤみたいに頭から布を冠つたロシア人の百姓女が、ブリキ缶に満たした絞りたてのミルクを重たさうにさげて、時々、影絵のやうに往つたり来たりしているだけです。——中略——

あたかも扎蘭屯といふ街は、大興安嶺なる巨人の胸に抱かれた小人のやうに、いとやすらかにその日を送つているのです。家数は五、六百戸もあるでせうか。純ロシア風の赤や白の煉瓦《れんが》で出来た美しい平屋や亭が多く、それらの家々は芝生地やテニスコートなどを含む広い庭がついています。そしてどの家も、どの家も、いまをさかりと紅葉した櫟《くぬぎ》に取囲まれて、晴れ渡つた蒼空の下に華やかなりし昔の夢を追っています。

街道の広さは幾メートルあるのでせうか。左右には石畳で出来た散歩道、まんなかにはどこまでもつづく櫟林、その櫟林に沿つて馬車の通る道がついています。この小さな可愛らしい街は誰が設計したのでしょうか。もし、この土地を日本人が開拓していたとしたら、どんな街をつくつていたことでせう？

　——中略——

南満や北満の商店の看板は仮名、諺文《おんもん》、漢文、ロシア文字の四通りで書いてありましたが、ここではもう一つ蒙古文字が加はつています。

一軒の食糧品店に入りますと、それはロシア人の経営で、傍らに椅子と卓子があつて、ちよつと珈琲などが飲めるようになつていました。何気なくその椅子を見ると、それには精巧なボルガ河（？）の風景が彫刻されてあつて、金銀をあしらつた豪華なものです。あたりの安つぽい今どきの食器などに比べると、なんという妙な対照でせう！　ひよつとするとこの家の人々はもとは相当の地位のひとで、この扎蘭屯の別荘に来ているうちにかの大革命に遭遇し、遂ひに食糧品店を開くようになつたのではなからうか、と、空想したりしました。——中略——

街外れの小さな山の一つに登つてみました。

この山は後に知つたところによると天拝山といつてその昔、一處不住の生活を営める寒族の一首領たるに過ぎなかつた鉄木真《テムジン》——後の成吉思汗《ジンギスカン》を、自分等の大汗《たいかん》に推戴すべく附近部落の部長どもが総会議を開き、「我等は卿の子孫にして、なほ能く叢に投ずるも牡牛に喫《くら》はれず、膏《あぶら》に混ずるも狗に取られざる一塊の肉の存する限り、他家の公子を大汗の位に即けざ

ることを誓ふ」と、奇怪なる誓を立てて三度び膝を屈し、太陽を崇めたところだと伝へられています。──中略──

ここは海岸から数百里離れているのでせうか。そして海抜何メートル位の高さなのでせうか。千本槍や龍膽や鈴蘭や黄昏草や二輪草や猫目草などの高山植物が、いちめんに繁茂しています。初夏のお花畑の壮観も想像するに難くありませんが、葉末が黄色く赤く色づいたいまの眺めも、いふにいはれぬ美しさがあります。

振り返つてみると、扎蘭屯といふ街は、さながら一個の原始林地帯です。蒼空の下に拡げられた一枚の錦が焔と燃えているだけです。頂上に登りつめて眺めると、やつと林のあちらこちらに、避暑家屋や厚生浴場や療養所などの白や赤の屋根が、ちらほら見えるといふ有様です。

林の街、櫟の街──ジヤラントン！　大興安嶺の山々はまるで大海原が波頭を立てた如くゆるやかなスロープを描いていて、彼方此方の山峡に十数戸づつの部落が点在しています。黒い地面が移動するのかと瞳を凝すと、それは羊の大群がうごいているのです。羊飼ひや牧犬どもの姿も手に取るやうに見えます。この興安東省といふところは茫然たる広い土地に、人口は数へる位よりないそうです。それに反して羊の数は何千万頭いるのでせう？

百年河清を俟つ──といふ言葉がありますが、それは幾十里もながれて次第に濁るのであって、大興安嶺の奥に発した谷間水は、漸くひとすじの清流となって、扎蘭屯の街の後方をキラキラ輝きながら走っています。これはヤール（雅魯）河と名附けられていて、ロシア人の手になった古典的な様式の白亜の吊橋が、夢のやうに浮いてみえます。どうやらそこでは釣をしている人があるやうです。いまのからだの動かしぶりは、紅鱒でもつれたのではないでせうか。

かたはらには、鶉や黒雷鳥が物珍しさうにたくさん寄って来ました。気がつくと足下の駅の建物の壁は、ロシア人好みの薄いピンク色で、一連の列車が満洲里の方面にむかって停っています。以下略――

『句集　大西日満蒙遠くなりにけり』
平成八年八月刊、大同学院同窓会
著者・飯田忠雄（青蛙）
京大卒、大同学院十一期生

句は著者が康徳十年（昭和十八年、一九四三年）、ハルビン、チチハル、満洲里、ホロンバイルをめぐった時に、扎蘭屯に立ち寄った折りのもの。

秋の呼倫貝爾《ホロンバイル》・扎蘭屯《ジャラントン》駅
駅頭に　白樺の街　紅葉せり
扎蘭屯の公園の喫乳店
喫乳店　白樺　黄葉《もみじ》の林中
扎蘭屯・興安東省公署
白樺の　紅葉且つ散る省公署

次の句は著者が石原莞爾の東亜連盟、満洲国協和会について、昭和十九年詠んだもの。石原莞爾の東亜連盟論、世界最終戦論、北一輝の日本改造法案大綱、権藤成卿の自治民範は、満洲国協和会員の間で、国づくりの経典として、読まれる。

独善と思へど民範みる夜長
行く秋の非道許さず国作り

紹介した扎蘭屯は康徳二年（昭和十年）当時、日本人は百余人しか在住していなかったのである。小学校、満鉄病院、省公署すらなかった。北満鉄道がソ連から満洲帝国に譲渡された、その日から新しい扎蘭屯の建設が始まったのであった。

建設される扎蘭屯の前に、もう一度扎蘭屯の自然をふり返ってみよう。

北から南へ、時には蛇行しながら流れる水清きヤール河、扎蘭屯はこのヤール河でくっきり二つに分けられる。西は山すそまで草原が続き、東は緑の大地となる。

ヤール河の水は飲むことができ、河には日本人が興安マグロと名づけたイトウをはじめギンマス、ニジマス、シュウカ、スナモグリ、バカ、このバカは馬鹿でも釣れるというので日本人がつけた名で本当にどこでも誰でも釣れた。ヤール河本流はじめ支流、それにそこここにある沼に魚が沢山いて雪どけから初冬の凍結まで日本人は大人も子供も河や沼で釣りを楽しんだ。おかしなことに、現地の満人たちは釣りをしなかった。河に行って釣糸をたれるのは日本人だけであった。

信和区官舎の子供たちはヤール河で泳ぎ、時には危険な急流下りをやったものである。沼や支流も子供たちのプールとなった。泳ぎの方も満人たちはやらなかった。

ロシア人が計画した国道まで、ヤール河との間は緑でおおわれた森となっていた。この森はすべて信和区官舎の子供たちの中庭であった。深い森の中は春になると、春と言っても初夏であるが、さまざまな鳥のさえずりが聞えた。モズ、キツツキ、カッコー、このカッコーは街中を飛びまわり子供たちは「カッコー、カッコー、カッコー、カッコー」と歌をつくってカッコーの声に唱和した。

久米宏さん（扎蘭屯小学校９期生）提供

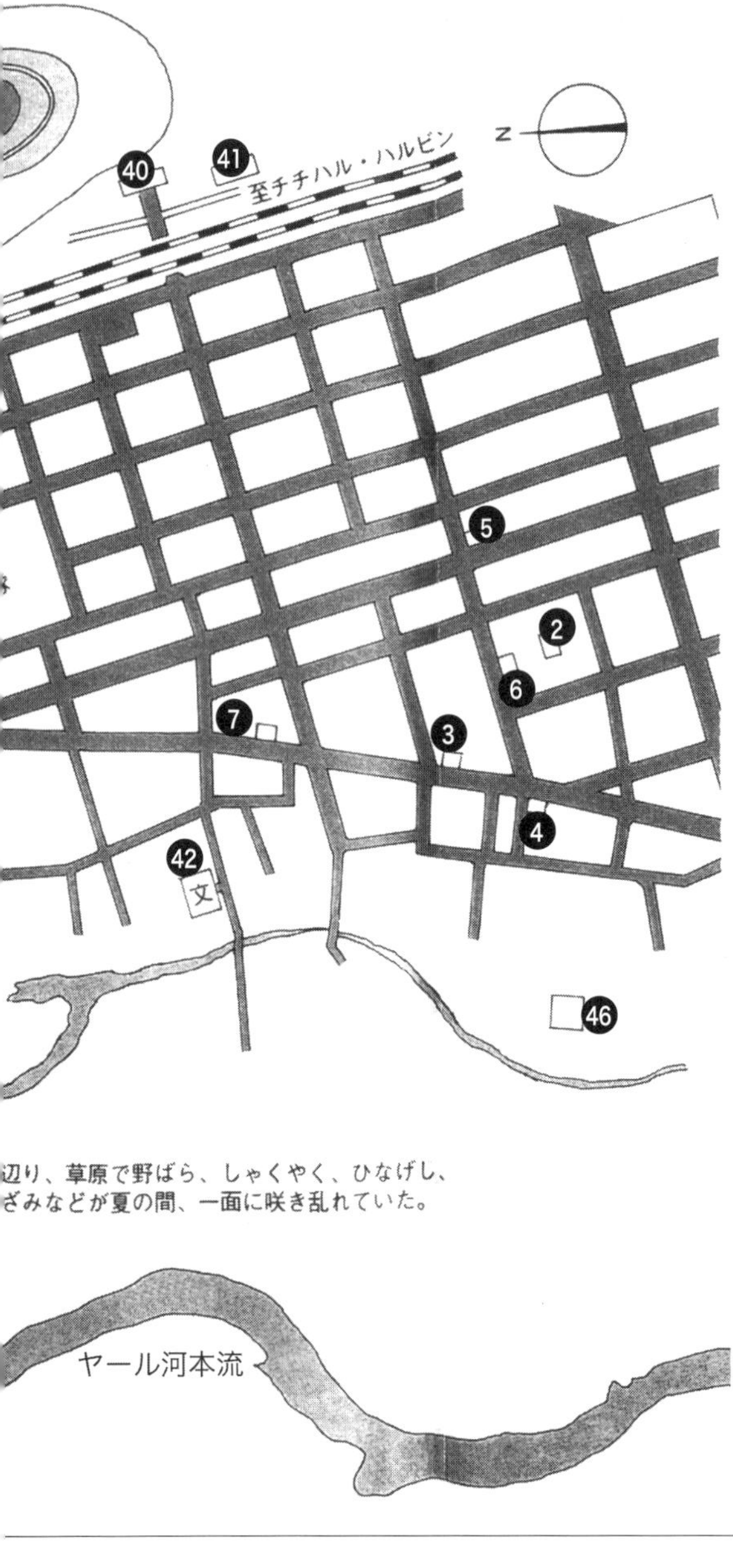

① 興安東省省公署
② 布特哈旗旗公署
③ 扎蘭屯街公署
④ 営林署
⑤ 興農合作社
⑥ 警察署
⑦ 中央銀行
⑧ 旗立病院
⑨ 畜産公社
⑩ 電々公社
⑪ 満拓公社
⑫ 扎蘭屯駅
⑬ 給水塔
⑭ 発電所
⑮ 機関庫
⑯ 工務区
⑰ 満鉄病院
⑱ 日本人小学校
⑲ 避暑ホテル
⑳ 避暑食堂
㉑ 電気区
㉒ 満鉄生計所
㉓ 料亭志奈乃
㉔ 喫茶チャラムスキー
㉕ 郵便局
㉖ ロシア教会
㉗ 満鉄厚生会館
㉘ カネボウ
㉙ 武徳殿
㉚ 満鉄独身寮
㉛ 扎蘭屯神社
㉜ 温泉ホテル
㉝ 吊橋
㉞ 日光浴場
㉟ 中之島公園
㊱ 忠魂碑
㊲ 省（信和区官舎）
㊳ 日本人墓地
㊴ ロシア人墓地
㊵ 師道学校
㊶ 警察学校
㊷ 満蒙系小学校
㊸ 省（河原）官舎
㊹ ヤール大橋
㊺ 協和会
㊻ 警察官舎
㊼ 満拓社宅
㊽ 植物園

戦前の扎蘭屯市街図　昭和17年当時

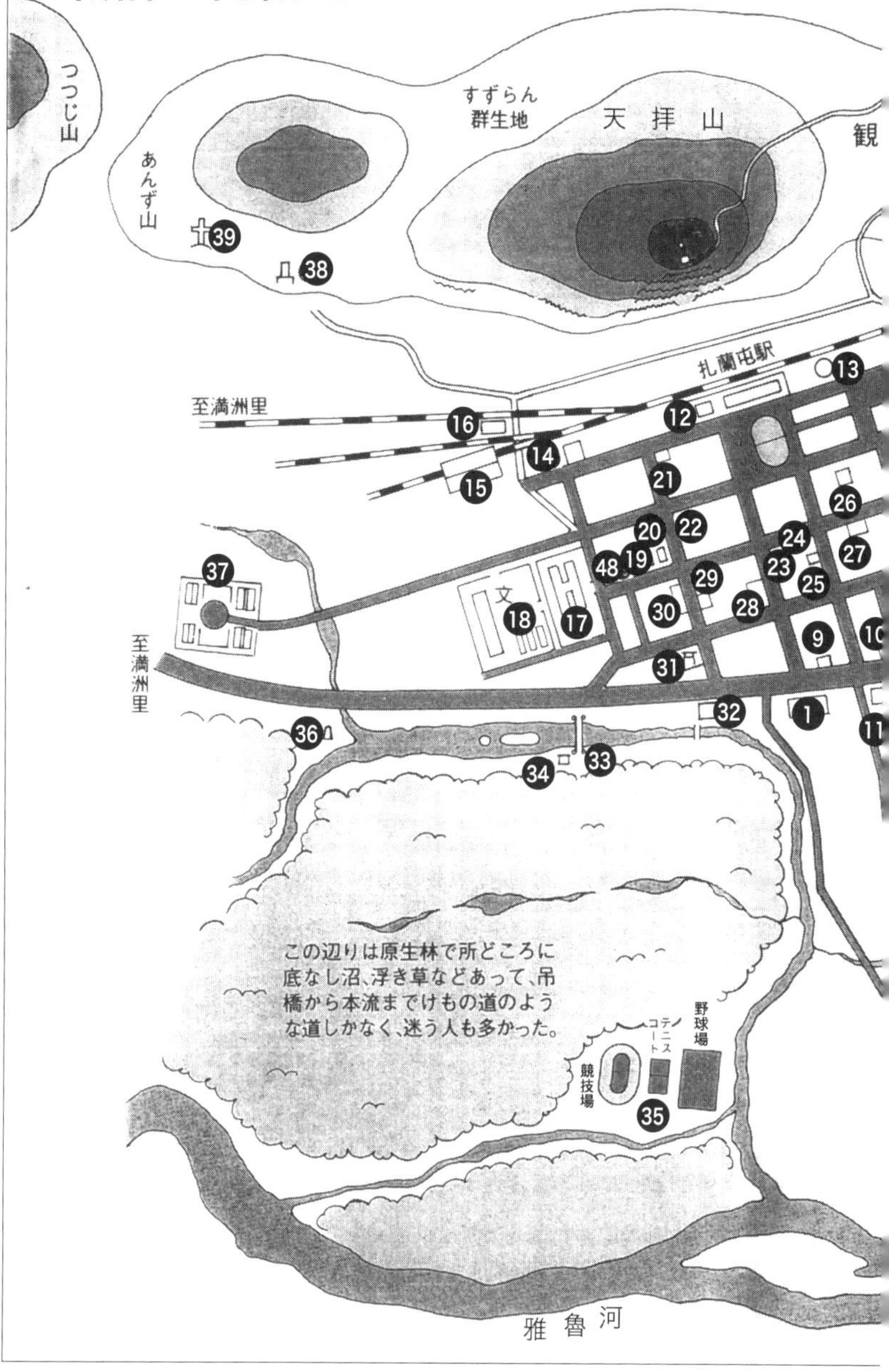

森はまた初夏には見事な花園となった。この森一帯は東清鉄道の附属地で自由に入ることが制限されていた。その上、扎蘭屯には土着の満人が元々いなかった。鉄道建設に集められた漢人たちが一九〇〇年頃に、ロシア当局の許可を得て南の方に住むことになった。そんなことで、森を含めて周辺の土地に満人の所有する土地はなかった。もっとも北の方には一九〇〇年から何年か経って満人の農家が一、二軒移って来たようであるが。

森は鳥たちの楽園であると共に、一つの大きな花園であった。キキョウ、オニユリ、ヒメユリ、野バラ、シャクヤク、このシャクヤクは漢方薬とされるので、もしこの地に土着の満人がいて、ロシアの鉄道附属地とされなければ、扎蘭屯の花園はなかったであろう。野にはまた黄色い花のひなゲシのジュウタン、そして扎蘭屯にはスズランが野に山に見られた。

満人たちはこの花々にも興味がなかったのか、花を採りに森に入る満人も見かけたことはなかった。

信和区の子供たちは、一時期こぞって森の中に自分の畠をつくった。しかし、芽を出した野菜はたちまち害虫にやられてしまい、それからは畠づくりはなくなった。

岩山の天拝山は街のどこからも見えた。その天拝山は今はない。経済最優先の今日の中国政権は、蒙古人の聖地は無関係と採石場にして、天拝山の岩石をすっかり取り去ったのである。

この天拝山に、満洲時代はロシア人の造った展望台が頂上より少し下ったところにあり日本人が入って五、六年目に雷が落ちて消滅した。

天拝山の裏手に観蘭山という丘があって、そこにスズランが群生していた。

天拝山の北側にはチェンズの木が繁っていて、それから北に少しくだると満人の墓地、日本人の墓地があり、その先に公園のような美しいロシア人の墓地があった。そこだけがこんもりと緑の林となっていて、その中に十字架と美しい墓石が見られた。

ロシア人墓地から更に北に進み、山を少し下って再び山を登ると、そこはツツジ山と言われ全山ツツジの山である。

春さき、このツツジ山のツツジが開花して、街から紅に染まったツツジ山が見られた。

誰がいつこの山をツツジ山にしたのかわからなかったが、多分ロシア人がつくりあげたのであろう。

蒙古の遊牧民が通過するだけの扎蘭屯は、ロシア帝国の鉄道敷設によって、広い土地が附属地としてロシア人の管理下におかれ、その自然が護られたのである。

満洲国となって、日本人は乱開発を行わず、ロシア人の残した遺産を大切に守って来たのであった。

夏の夕、西の山から数千羽の烏が黒い帯となって紅に染まった空を、鳴きながら飛んでいく。

烏が飛び去り、赤い夕陽が西の山に沈んで太陽が見えなくなると、にわかに空は紺青となり、官舎の子供たちは集まって一番星探しを競うのである。ぐんぐん空は黒味を帯びてくる。一人の子供が叫んだ。「一番星だ。」指さす方に星の光るのがわずかに見える。子供たちは一番星がみつかると、「ちょこん、さいなら。」と言い合って家に帰って行った。

三月晴天の日、蒙古風が空の高いところも過ぎてゆく。陽はさんさんと降りそそいで、蒙古風の風だけが地面を通り過ぎる。黄砂はここにはない。空高く蒙古風と共に飛んで行く。学校帰りの子供たちはランドセルのフタの留め金をはずして風をうけ、うしろ向きに陽の光を浴びて歩く。

映画館はなかった。満鉄の厚生会館で映画を観た。真珠湾攻撃のニュース映画、西住戦車隊長など。家族で揃って観に行った。冬の日の帰り道、空いっぱいの星々。星は輝いていた。その空をよぎる流れ星、一つ、二つ、三つ、四つ、輝く光の尾を引いて、流れ星は澄んだ空に次々に消えていった。

ロシア人が沢山残っていた扎蘭屯には、ロシア人の食堂、お菓子屋などいろいろな店があった。なかでも日本人が良く通ったのは美人の看板娘ミラー嬢のいる喫茶店チャラムスキーであった。戦後、日本に帰って当時扎蘭屯駅に勤めていた高嶋孝（旧姓白木）さんから、ミラー嬢が恋人で二人はひそかに会っていたときかされ、転勤で扎蘭屯を離れる時に記念に写真をもらったと、ミラー嬢の写真を見せてもらった。さりげなくポーズをとるなかなかの美人である。

ミラー嬢は戦後、昭和二十年の八月、扎蘭屯の近郊に入殖していた仏立《ぶつりゅう》（本門仏立宗—日蓮宗の宗教）開拓団の人々が開拓地を離れて街道に出た時、ソ連軍のジープにぱったり会った。将校が降りて来て、団員はどうなることかと生きた心地がしなかったと。するとジープからミラー嬢が降りて来た。団員の中にはチャラムスキーによく行っていてミラー嬢の顔見知りの者もいたが、ミラー嬢は団員を見渡して、将校に「この人たちは大丈夫。」と言ったのだろう。将校は団員に扎蘭屯に向うようにと告げ、仏立開拓国の人たちは無事、扎蘭屯の信和区官舎に入ることができたとのことである。ミラー嬢に助けられたのである。

扎蘭屯小学校に一九三七年（康徳四年、昭和十二年）岡本熙先生が、満鉄本社で「現地には先生が居ないのだから」と急き立てられて着任された。独身の先生はロシア人の家に下宿し、その娘さんと恋に落ちて結婚された。扎蘭屯の国際結婚第一号である。戦後、御苦労され、昭和三十年御家族と共に帰国された。扎蘭屯小学校の同窓生が先生のお宅にお伺いし、お元気な夫人や御子息にお会いした。先生の御葬儀はお茶の水のニコライ堂でとり行われ、同窓生も出席させていただいた。

ソ連から譲渡された北満鉄道は、そっくり満鉄に渡されたが、その満鉄線の守備のために関東軍第三独立守備隊第二中隊が四月扎蘭屯に着任した。それに伴い新しい兵舎の建築が始まり、長野県諏訪出身の伊藤清一郎がそれに参加した。

名実共に満洲帝国となった扎蘭屯で、守備隊兵舎についでつくられたのは、扎蘭屯日本人小学校であった。

その頃の規定で学校開校には一〇人の生徒がなくてはならないことになっていた。百余人の日本人しか居住していない扎蘭屯で、一〇人の生徒は集められなかった。そこで朝鮮人の生徒二人を入れて一〇名とし、康徳二年(昭和十年、一九三五年)五月一日開校の運びとなった。

校舎は北満鉄道ロシア小学校扎蘭屯分教所を用いた。

一〇名の生徒は記念写真の前列で、右から、

開校式　昭和10年5月1日

神名（旧姓中村）はるみさん（扎蘭屯小学校5期生）提供

鈴木実　六年生（扎蘭屯駅長子息）

長井せんじ　四年生

崔国倍　六年生（崔徳姫の兄、朝鮮人）

長井まつゆき　一年生

古賀俊充　一年生（古賀文代の弟）

中村雍子　一年生（中村はるみの妹）

古賀文代　二年生

中村はるみ　二年生

鈴木幸子　四年生（鈴木実の妹）

崔徳姫　五年生（朝鮮人）

なお朝鮮人生徒は、朝鮮人学校ができるまで毎年数名入学した。

校舎は武道館、青山部隊兵舎跡など転々としたが、康徳五年（昭和十三年、一九三八年）満鉄病院裏に新校舎が建築されて敗戦の日まで使われた。

満鉄では扎蘭屯のソ連の鉄道附属地とその中の建築物などを手にして、最初に活動を始めたのは病院の開設であった。折から満洲国が満洲帝国となって、満鉄は各地に帝政記念病院をつくったが、扎蘭屯にも帝政記念病院が建てられた。

工事は北満鉄道が満鉄の経営となった直後から開始された。場所はロシア時代、鉄道従業員などロシア人のためにつくられた社宅の北側で、翌年三月開院の運びとなった。

この帝政記念扎蘭屯満鉄病院に二人の医師が着任した。

一人は院長の篠塚房次、茨城県鹿島郡出身で、もう一人は仙波香介、愛媛県松山市の出身であった。

篠塚房次は一九一七年（大正六年）南満医学堂を出て、一九三三年（大同二年、昭和八年）満鉄に入り、一九三四年（康徳元年、昭和九年）図們《ともん》の満鉄病院の院長となり、一九三六年（康徳三年、昭和十一年）扎蘭屯の満鉄病院の院長に就任した。篠塚は外科、婦人科、泌尿器科と歯科を受け持ち、かたわら蒙古人の人口生態を研究し、やがてその研究で博士号を取得した。篠塚は研究のこともあって転勤を拒否し続け、開院から満鉄消滅の日まで、満鉄では異例中の異例、扎蘭屯満鉄病院の院長を続けた。

仙波は一九三一年（昭和六年）長崎医科大学を卒業して、一九三四年（康徳元年、昭和九年）三月、満洲・大連の関東庁立療病院（伝染病院）に入り、同年十二月に満鉄新京病院に移り、一九三六年（康徳三年、昭和十一年）三月扎蘭屯満鉄病院に移った。

扎蘭屯を含めてこの地方一帯に医者と名のつく者は一人もおらず、ただ牧畜地帯なので獣医だけはいた。

病院は五族の民すべてに開放し、人種を問わず誰でも診察、治療した。

仙波は回想して言う。

「日本人三〇〇名、露人一〇〇名、少し距離を置いた所に中国人一万なので病院は閑散」と。

着任早々、仙波はツベルクリン反応検査を実施した。その記録は次のようであった。

〝日本人、ロシア人、中国人（満人）の小学生のツ反応の比較検査を始めた。当時は各地でツ反応が流行して、新患者はツ反新陽転者に多いことが判明しかけていた頃だった。日本人児童は内地並みだったが、ロシア、中国の児童のツ反応は殆ど一〇〇パーセントであった。冬期二重窓の半年間の冬籠も影響あろうが、民族そのものがすでに老成し、結核が普及しているのではなかろうか？　当時の日本の田舎のような「結核処女地」ではなかった。〟

篠塚は戦後、チチハルで死去し、仙波のあとをついだ四人の医師も、診療や外診の記録を残していない。

ただ、仙波だけが、昭和五十七年八月十五日発行の「愛媛県医師会報」第五三一号に、「止むを得なかった専門外への手出し」と題して手記を載せているので、その中から一、二転載させてもらうことにする。

その一

或る日、院長が汽車で六時間のチチハル鉄道局へ出張で留守中のことである。一人の満人がロ馬に乗って慌しく病院に駆け込んで来た。汗を拭き拭き差し出す紙片を見ると、往診中の助産婦からの伝言票である。「横位の難産で出産不可能。出ている胎児の手を切断する外ないから、切断用意をして急ぎ洋車（人力車）に乗ってきてください。内科医長殿！」と言う文面。

正直な話、在学中、私の最も苦手とする学科は精神科と産婦人科であった。―中略―然し「お産の助手でも足でも出て来た胎児の部分を切断しては駄目。切断したら胎児は又ゾロ体内へ逆戻りして了《しま》って、引出す紛《ひも》を失って了《しま》う」ことぐらいは知っている。年齢を取ってるはずの産婦のくせに手を切断とは何だ！ と思ったが、さてそれではどうするかは皆目知らない。院長室から磐瀬産科学の本を持って来て読みかけると、先刻の満人が扉を押し開けて「ドクトル快々的《ハヤク》々々々！」とせき立てる。妊婦の近親者であろう。無理ないと同情はするが然しコチラも実は何も知らないのだ。産婆も処置法は知らないようだ。私は今これから本を読み始める所なのだ。

「ロートル（老人）の車夫に人力車の用意！　看護婦には出産手術の用意！　そして使いの満人には少々等《トン》一《イ》等《トン》（暫く待て）と云っておいてくれ」と言い付けて四〜五頁読みかけると……又満人がとび込んで来て「ドクトル！　早く早く」と叫び立てる。―中略―

　読んでみて驚いた。逆児の時は生まれる直前になってヒョックリと正常位に変るかも知れぬが腕を出したのは絶対に樂に生まれる胎児ではないそうだ。つまり正常通り頭から出ようとしたのだが、頭が大きいので産道へ這入れないで、頭が横へそれて横向きに成り腕が胎外へ出て来た所、横位でいくら引張っても胴の骨が二つに折れでもしない限り出る訳がない。助産婦の云うように腕を切断でもすれば、胎児は汚染した腕の一部を付けたまゝ、胎内へ逆戻りして感染症となるばかり！「成程ねッ！」と感心していると又しても先刻の満人がとび込んで来て「ドクトル！　ドクトル！」と泣かんばかりである。―中略―

　それにしてもこのように五〜六分毎に室内に飛び込んで来られては本もユックリ読めない。覚悟は決った!!　例の宮本武蔵の「神佛も頼まじ、吾が腕に（と云っても是から本を読む所だが！）たよるのみ！」病院備え付けの人力車をロートルの掃除夫兼車夫にひかせて、患家に行く人力車の上で本を読むことにした。

老人車夫はユックリ走る。私もユックリの方がよい読書の時間が稼げる。幸いにも！患家は町を外れて大分遠いようだ。—中略—

やっと読み終った頃、患家へ着いた。今読んだ所を脳裏に描いて大分自信がついて気も落着いて来たようだ。少くも皆目無方針ではない。半砂漠に近い荒涼たる麦畑の中に三十軒ばかりが肩を寄せ集ったような開拓者の満人小部落である。—中略—

「大夫来了（先生が来たぞ）」と口々に伝える村人達を分けて患家に入ると、男のように骨張った中年の頑丈な助産婦も流石に疲れの色が深い。胎児が産道から出している手はすでにチアノーゼで胎児は死亡だ。しかも誰が引張りすぎたのか肩から脱臼したのかブラブラである。まず汚染された局部産道大腿部、胎児の腕の清拭とマキュロ塗布消毒だ。ついでに私の両腕も！

胎児の腕をいよいよ子宮内に押しもどそうと握って見てアッと驚く為五郎だった。本の挿図の腕とは反対側の手が出ているのだ!!—中略—助産婦に言って人力車から種本を持ってきさせて、産婦の足もとに開けて置き挿図と見比べしながら、左右反対に反対にと心に称えながら子宮内胎児回転術である。これが案外楽に回転出来た。

感心したのは産婦の原始的な忍耐である。—中略—泣き叫ばず日本婦人同様、否それ以上でうめき声一つ発せず我慢してくれたことである。—中略—或は満人の最後の手段である阿片の吸飲による深麻酔だったのかもしれない。彼等は最後の土壇場には阿片を巧妙に用いて苦しまずに羽化登仙の夢心地の裡に昇天さす術を心得ている。彼等は病気は治せなくても病苦と死苦から脱却する道は知っている。文化果つる地の涯まで中国人が進出開拓する秘密の一つはこれであるといわれる。

こうして意外というか案ずるより生むは易くと足位牽引で死胎児ながら分娩は終った。村役場へ案内された私を村中の老若男女が遠く取り囲んで何やらガヤガヤいっている。通訳らしいのが出てきた。

「ドクトル！　謝々《シェシェ》（ありがとう）大変御苦労様でした。御礼はいくらですか。」

「私は満鉄医院の医者だ。お金は不要、満鉄医院に支払えばよい。」

通訳は村民に向いて大声で説明にかゝる。

「ドクトルは金は要らないそうだ。俺が先生を知っているので安くしてくれた。」その後もペラペラと私が支那語を知らないと思って駄法螺を吹いていたようだが村民は一斉にホーッと嘆声を発して退散した。

「ヤレヤレ、とんだ代役だったが」と一服してロートル車夫の人力車に乗って帰路につくべく村役場を出ると……村のメインストリートの道の両側、家々の門前に村の住民の大勢が立並んで、男も女もそれぞれ手を振ったり御辞儀をしながら「大夫謝々」（先生有難う）と口々に叫んでの大歓送！　あまりのことに面喰った当方は「あれは偶然運がよかったんだよ。出ていた腕が挿図と反対側だった時はドキッとした」とも言えず……こちらも微苦笑しながら、手を振って車の上で揺られていた。

その二

永い北満の冬もやっと春になりかけた。—中略—猟犬を連れ鉄砲を持って山野に狩りをするハンター達の時期になった。其の内の一人が犬が持って来たと幼児の生首を満洲国警察へ届け出て来た。

警察が無人の曠野のような其の周囲を探すと唯一軒の満人の開拓農家があった。家宅捜索をして押収したのは一本の普通の草刈鎌だけ。農家の亭主は幼児のことなど何も知らないとのこと。

国家の創業時代というものは面白い。満洲国が出来て未だ数年の当時、四国全体より広い興安東省を治める省廳に一人の医者も雇っては居なかったのである。思案に余った満洲国警察の刑事（日本人）が私達の小さい満鉄病院に生首と草刈鎌とを持ち込んで、何んとかなりませんかと頼みにきた。

日本人三〇〇名、ロシア人一〇〇名の小さい町の小病院で、無聊に苦しんでいた人の好い院長は「他に誰も医者が居ない北満だ。一つ手を貸してやろうや」と乗気である。小生の承諾の心中には此の止むを得ない事情の外に、生首の幼児への義憤もあった。幼児は二才位の男の児、ふっくらとしたアドケない顔の生首は痛々しい。こんな小さい児の首を切ったりしたのは誰だ。余りにもひどい！─中略─中国は今も二〜三世紀も昔の蔭も伴っている不思議な国だと感じた。そのせいか中国の良家の子供は日本のように戸外の路上で遊びはしない。一家眷族が軒を連ねて片仮名の「コ」の字型を作った一廓の屋敷の内庭で遊ぶ。此の生首の児はそれ以下の階級の子であろう。然し短くキレイに刈られた髪、フックラと肥えた顔と余り日焼けしてない顔色から考えると貧民階級でもない。

首の切り口は余り鋭敏でない刃物で切断したようで、断面をみるとさして貧血していない即ち死後の切断である。頭部、顔面、頸面に外傷や皮下溢血斑はなく打撲による死とは思えぬ。眼球結膜に点状出血無く絞殺でもない。口、鼻孔圧迫による窒息死であろう。─中略─

角膜は清澄、混濁なく余り時日は経っていないようだ。─中略─

次に口腔内をと口を開けると……驚いたことに、数字を書いた紙切れが一杯押込まれてある。紙片の大きさはマッチ箱の燐票大で○○番と数字が記入してある。支那町発行の富くじの札だそうな。

立会の満人巡査の話では、富くじを入れた生首を祈りながら空中に何回も投げ上げして、それから其の中の一枚を取り出すと、其れが当りくじと云う迷信があるそうだ。この迷信の犠牲者にこの生首がなった訳であろう。—中略—

これから後は被疑者の血液型を調べて、それが鎌の血液型と一致するか違うかを見ればよい。

以上を立会の院長と刑事と満人巡査に説明し、看護婦に被疑者の採血に行かしたらよいと示唆した。

採血から帰来した婦長の話では「採血、調査する」といった所で殺人を自白したそうであった。ちなみに立会の満人巡査は、私が生首の口中から取り出した最初の富くじの番号を覚えておいて、首尾よく一番を当てたという支那らしい本当のような嘘のような後日談を聞いた。

首を斬り落された幼児の身許はついに判らなかったようだった。当時の中国に戸籍も無かったのである。

その頃の扎蘭屯には若い日本人が多く、ロシア人、蒙古人、朝鮮人の数も限られ、満人でさえ多くはなかった。だから満鉄病院は仙波の回想するようにヒマであったようだ。そんな中、仙波の記録する日本では体験できない事件に出合うわけだ。

昭和十四年（康徳六年、一九三九年）岡山、千葉、新潟の三県の青年で編成された三百人の満蒙開拓青少年義勇軍が、隣駅の成吉思汗《ジンギスカン》附近に入植した。ここでの出来事を仙波の手記から見てみよう。

「入植から十日毎位に一人づつ肋膜患者が発生して当院に収容、五月には七名に達した。続発に憂えて集団検診を考えたが、列車は午前午後各一回あてに過ぎず、十里の距離にあるので診療の余暇に一寸往復するという訳にはいかない。日曜毎に看護婦と共に汽車に乗って現地に赴き、ツ反応血沈を主体とし、血沈二五ミリ以上にX線撮影をした。衛生費用皆無に近い団体への窮余の策である。日曜祭日の朝出向いては帰るのは夕方の列車で、全員検査に二ヵ月余を要した。不可解なのは内地の内原訓練所でツ反応検査した東大内科のやり口で、県別、年令別等の統計は論文として発表しただろうが、個人々々についての反応結果を本人或は中隊幹部に携行させてない為に、又満洲現地で吾々が再びツ反応をせねばならず、施行しても新陽転かどうか解らなかった事である。何の為の集検だったのかと憤慨した。

幸いにX線異常者は無かったので、主として血沈値を基にして見学班、軽作業班、普通作業班、休養入院班に隊員を区別して作業別班員制度を設けて、中隊幹部（旧小学校教員？）に過労を戒めた。―中略―

効果は歴然として肋膜炎発生は一度に停止した。爾後私が転勤する迄の丸一年間、新患者の発生はなかった。―中略―

集検↓集団作業管理↓発病予防の満洲最初の例であった。そんなせいか満洲産業衛生学雑誌の第一号に掲載された。」

仙波は昭和十五年（康徳七年、一九四〇年）社命で内地留学二年となって扎蘭屯を離れた。

扎蘭屯にいた日本人は白系ロシア人や蒙古人、満人などと大変親しくなる場合が多かったが、満鉄、官庁などは大体二、三年で転勤したので意外にそれが記録として残されていない。

満鉄病院の院長篠塚房次は転勤を断り続け閉院の日まで院長を続けた。

院長の社宅の隣接地に白系ロシア人が五家族住んでいて、院長夫人孝は親戚づき合いをしていたという。小学生だった長男堅の手記「満鉄病院」（『遥かなる満洲扎蘭屯』扎蘭屯小学校同窓会、平成十七年五月刊より）の中から転記する。

「母は五軒の白系ロシア人の北の端のマダムと特に仲良くしていた。このマダムは弟の進司が五歳になったとき、幼稚園の代わりにロシア人の学校に通わせたが、その時の受け持ちの先生であった。

母はこのマダムからロシア語を教わり、後には可成り話せるようになった。そしてロシヤ漬けの作り方や、パンの焼き方を教わったのであった。ロシア漬けは野原に自生しているハーブ（ディル）を採ってきて漬けるのであった。―中略―

パンはイースト菌を使うのではなく、チャラムスキーの隣のパン屋からドローズイという液体を三〇〇cc くらい買ってきて、これを練り込んで醱酵させたのであった。―中略―

マダムの家の庭には葡萄も栽培されていた。蔓性ではなくフランスの様に木立性で冬には掘りあげて越冬用の地下の野菜庫に保存していた。この野菜庫の深さは二・五メートル位あり広さは三帖ぐらいあったろうか。―中略―

クリスマスの時には招待もされた。部屋の窓は小さいが内側の壁は漆喰で白く塗られ、結構明るい。出されたものはこの家の主人（元大佐）が猟をした雉や兎だった。かまどの脇はベッドになっており、壁ペチカで熱を無駄なく利用している。母は非常に感心していた。北満の十二月というのにマダムの着物は非常に薄い。外に出るときは毛皮のコートをさっと羽織るだけ。片や日本人は、暖房を焚いてもそれほど暖かくなく、厚着をしている。北方民族との生活の年期の差を、思い知らされたものである。」

来院患者の数は多くなかったが、扎蘭屯の満鉄病院は五族の民に門戸を広くあけて、診察、治療に当たっていた。ロシア人、蒙古人、満人、朝鮮人に大変喜ばれたことであろう。

満洲国、満洲帝国が生まれたからであった。

厳冬には、時に零下三〇度にもなる扎蘭屯にロシア帝国のロシア人は、植物園をつくった。

それも熱帯の植物がみられる植物園である。

避暑ホテルに隣接して半地下の型で設けられ、満洲帝国消滅の日まで満鉄によって運営管理されていた。

満洲でも有名であったと見え、絵ハガキにもなっている。

扎蘭屯にはロシア帝国の時代、ヨーロッパからも観光客が訪れたというから植物園で熱帯植物など観賞したことだろう。

植物園ではまた、避暑ホテル、温泉ホテルなどに飾る花々を栽培していた。食堂からダンスホールまで四季を通じて折々の花が植物園からもたらされた。

扎蘭屯の駅のプラットホームには美しい花壇があったが、これも植物園の管理するところであった。

昭和十八年（康徳十年、一九四三年）、植物園の園長が変った。

新園長は久保嶋好保で、山梨県甲府市出身東京農業大学造園科卒であった。

満洲で初めて新京にゴルフ場をつくることになり、先輩のすすめで満洲、新京に渡り、新京ゴルフ倶楽部の設計、施工にたずさわった。

ゴルフ場が完成してからはグリーンキーパーとして芝の管理にあたっていた。ところが、大東亜戦争が激しくなり、ゴルフ場は政府の命令で閉鎖された。

ちょうどこの時、扎蘭屯満鉄の植物園の園長が退職し、久保嶋に園長就任の依頼が来たので、久保嶋はこれを受けて扎蘭屯にやって来た。

戦時下で非常に苦労されたことと思われるが、満洲帝国消滅の日までロシア人のつくった植物園をそのまま運営、管理したのであった。


満洲帝国では総理の鄭孝胥《ていこうしょ》が儒教による教育立国をつくりあげようと、教育に力を入れ全国に学校を開設した。五族協和の名のとおり各地に各民族の学校がつくられた。

扎蘭屯の師道学校も主として蒙古人の教育のために設けられた。

この学校には優秀な蒙古の青年が集められていた。

小袋兵部が師道学校の教官として赴任したのが、昭和十四年（康徳六年、一九三九年）六月で、独身であった。

小袋は大分県中津市の出身で、家は十七代続いた神官であった。

東洋大学文学部を首席で卒業して、昭和十四年（康徳六年、一九三九年）四月、満洲帝国民生部文教科に入り、同年六月に扎蘭屯師道学校の教官となった。

師道学校の蒙古人学生が優れており、なお教育に当たった日本人教官が情熱を傾けていたのは、この時超難関といわれた満洲国立建国大学への入学者の数を見てもわかる。

小袋が着任した年の四月に、師道学校から建国大学二期生として次の四人が入学している。

格熱勒泰《ごるらたい》、傑爾格勒《じゃるかる》、都戈爾扎布《どかるじゃぶ》、嫩嫩《のんのん》。

民族協和の理想国家を夢みて教育にたずさわった小袋は、次の年昭和十五年（康徳七年、一九四〇年）四月に建国大学に三期生として次の四人を入れた。

烏爾図巴雅爾《うるとばやる》、烏爾図那素図《うるとなそと》、冠佈仁勤《ぐんぷれんふん》、哈薩吉爾口戛拉《はさじるがるら》。

この年、小袋は比紗子夫人を扎蘭屯に迎えた。

夫人は新婚ながら、毎日曜日に蒙古人学生を招き、学生も小袋夫人を募って集まって来た。

夫人は回想する。（『雛の宿』平成十九年刊）

「若い日系の教師が親しみやすかったのか、日曜日には入れ替り立ち替り学生が家に遊びに来ていた。満洲では豊富な小豆に、当時は貴重であった砂糖を入れて、ぜんざいにして振舞った。成吉思汗を讃え、羊の肉を焼いて満腹すると、彼らは嬉々として相撲を取り合った。蒙古人は相撲が大好きである。―中略―

満齢で数えれば十八歳であった私は、すれ違う露人（ロシア人）からは「ドラァースチ姑娘（こんにちはクウニャン）」と声をかけられるし、満人街を通れば小袋先生《ショウタイバクシイ》の太太《たいたい》（奥さん）と親しまれ、言葉は違っていてもいい人間関係だと思っていた。」

もう一つ、扎蘭屯ならではの夫人の昭和十七年（康徳九年、一九四二年）十月六日、長男宏毅誕生にまつわる「ロシア人の牛乳」の話。

「日米の戦いは始まっていた。ミルクの配給もまゝならず、ハルビン、新京へ出張する方にヤミでもいいからと頼みも必死であった。―中略―そんな中でロシア人は牛乳で子供を育てると聞いて、町はずれで牛を飼っている白系露人イヤノフの家を訪ねた。泥煉瓦造りの家で、ペーチカが燃えていた。赤ら顔の五十がらみの大男が主人で、奥さんはビヤ樽のような下半身をゆすって、カタ言の日本語と中国語で話す。それでも話は通じた。ネンネコの背をのぞいて、『好《はお》、好《はお》。……大丈夫元気に育つ。ロシア人は一頭の母牛を決めて、他の牛の乳を混ぜない。毎日同じ牛の乳を用意するから取りに来れるか？』と言ってくれた。

私も夫も三拝九拝頭を下げて翌日から牛乳配達ならぬ夫の牛乳取りが始まった。―中略―

牛乳が合ったのか、手さぐりの育児にも明りが見えてきた。

イヤノフ夫妻は情が移るのか時々赤ん坊を見せてくれと言った。連れて行くと『これが坊やのママ』と言って牛の腹をポンポンと叩いて見せたりした。まるで自分の孫でも見るような、彼らと私達の間には国籍の垣根などなくなっていた。

カタ言をしゃべるようになった宏毅に『キー坊の母ちゃんは？』と聞くと『モーモー』と牛の鳴き真似をしたり、発育もなんとか人並に追いついてきた。」

夫人は昭和十八年（康徳十年、一九四三年）四月に安東省鳳城国民高等学校に夫が転勤するまで、ずっと休日ごとに蒙古の学生たちを歓待したのであった。

師道学校から建国大学には、昭和十六年（康徳八年、一九四一年）四期生として、望吉樂（中途退学）、満特格爾《まんとかる》の二名が、昭和十八年（康徳十年、一九四三年）に六期生、巴図巴邪爾《ばとはやる》が入っている。

小袋が転校してからは一名も建国大学に入学できなかった。

扎蘭屯の師道学校では一一名の蒙古人学生を建国大学に送った。扎蘭屯にあった国民高等学校からも建国大学に七名の蒙古人学生が入っていた。

建国大学は存在した八年間に蒙古人学生を六六名受け入れた。最も多く建国大学に学生を送ったの興安学院で三三名、その次が扎蘭屯師道学校の一一名であった。

扎蘭屯に堂々とした省公署の建物が完成し、ぼつぼつ職員も充足して来て、街にもようやく日本人の姿が見られるようになった。しかし、街にはロシア料理の食堂や喫茶店はあるのだが、日本人が集まれる割烹はなかった。

そこで省公署の方から、兵舎の建築にたずさわっていた伊藤清一郎に、割烹店を開いてもらえないかともちかけた。

伊藤は料理店には全くの素人で、二の足をふんだが、たっての願いということで引き受けることにした。

場所は扎蘭屯駅と省公署の中間で、筋向いにすでに岡本洋行が開店していた。

こうしてハルビンより以北の浜洲線で最もあか抜けした、シャレタ割烹・志奈乃が生まれることになった。

興安東省の省公署の建物の建築は満鉄病院と同じように、北満鉄道が満鉄となった昭和十年（康徳二年、一九三五年）春に始まった。扎蘭屯には興安東省の省公署にあてるロシア人の建物はなかった。満鉄に関係する鉄道などの建物は見事に揃っていたし、避寒、避暑用のホテルも整っていたが、広い興安東省の行政を扱うことのできる場所は見当たらなかった。

省公署は駅前のロータリーを挟んで国道に向って二本の道が通っていた北側の一本が国道

につき当たる所に建てられた。

その頃、新京の官庁の建築に用いられた興亜式と呼ばれた様式を採り入れ、北満の田舎の街にしては目を見張るほど立派な省公署がつくられた。

これには扎蘭屯の位置と複雑な民族の雑居地であるということがあった。

扎蘭屯駅を中心に広い鉄道附属地をロシア人は手にして、ロシア人だけの街をつくっていた。

満鉄が北満鉄道を引きついだ時、日本人は一〇〇人ほどであったが、ロシア人はソ連系、白系ふくめて四五〇人も住んでいた。それに蒙古人、満人、朝鮮人が加わり、文字どおり五族の民が同じ空の下で生活していた。

その上、ソ連と国境を接する満洲里から五一九キロ、ハルビンから四一六キロの浜洲線のちょうど中間点にあって、今後益々重要性が増すと考えられていた。

省公署の建物もできあがり、日系の官吏がしだいに着任して一応形は整ったようだが、その中で新国家の建国に情熱をもやす者もおれば、こんな僻地に追いやられてと不満を持つ者も少なくなかった。

異民族が多く住む土地で新しい国家の行政を行うのは簡単でなかった。

扎蘭屯の省公署に福岡県出身で治安部にいた瀬崎清が参事官として赴任したのは、ちょうど業務がやっと軌道に乗りはじめた頃であった。

瀬崎はロシア人が多く住み、満人、蒙古人が雑居するこの扎蘭屯で、治安を保ち、複雑な民族をどう調和させ、民族協和を実らそうかと心をくばった。

省公署には優秀な日系官吏が揃っていたけれど、他民族の人々と親しく接しようとする人間がほとんどいないのに瀬崎は失望した。

数年たって、瀬崎は扎蘭屯の満人社会でトップに立つ商務会長の郭質範と会食の場で一緒になった。

隣り合った郭質範に、瀬崎はそれとなくたずねた。

「あなた方の社会で好意を持たれている日本人はいますか。」

郭質範は黙って杯を手にして瀬崎にその手を向けた。

瀬崎も杯を持って、二人で乾盃した。

その日はそのまゝ二人は別れた。

郭質範は瀬崎の問に応えなかった。

数ヶ月たって二人はまた隣り合って席についた。

会食の時、郭質範は小さい声で瀬崎に語った。

「私の友人が満洲国の日系の警察官に助けられました。」

瀬崎は思わず問いかえした。

郭質範は一言、ぽつんと言った。

「その人の名は水本。」

それ以上二人はその事にふれずに別れた。

瀬崎は翌日、満洲警察の水本という人間について経歴などを調べてみた。

水本利光といって大阪府の警察官の身分で満洲の警察官募集に応募したようだ。日本の警察官であればなにもはるばるこの北満に来ることはないのに。

瀬崎は一、二周辺の人間にたずねたが、誰も知らなかった。ただ街で会社を経営している知人にきくと、「あの人は変った警察官ですよ。満人にはとても受けがいいようですが。」

郭質範の言葉にこの辺で合っていると思った瀬崎は、水本に会うことにした。

一週間ほどして水本が省公署にやって来た。

瀬崎は水本を自分の部屋に呼んだ。

「ちょっと時間いただけますか。」

「えっ、大丈夫ですが、何事でしょうか。」

普通、参事官が話すのは警察署長で、平の警察官に声をかけることはまずなかった。

「いや、少しお話をしたかったので。」

瀬崎は大柄な制服に身を固めた水本を前にして、どう話を切り出したものか言葉を濁した。

「大阪の警察でしたね。ご出身は？」

「奈良県の吉野です。」

「吉野ですか、桜の名所でいい所ですね。」

瀬崎は「水本が役行者《えんのぎょうじゃ》や天平の貴族従一位右大臣藤原朝臣豊成《あそんとよなり》ゆかりの家の出で、明治維新後に鉄道が通って旧街道はすたれ、家運は傾いた。それでも高額納税者で選挙権を持ち大きな果樹園を営んでいたが、大正末年父が死去し、家敷、山林が人手に渡り、水本は吉野林学校を中退してアメリカに行こうと考え東京に向った」のを知った。

「アメリカですか。」

水本は東京で研数学館や早稲田大学の講習会に出てアメリカ行きの準備に取り組んでいたところ、慣れない都会の生活で身体をそこね学業を中断して大阪に帰った。大阪で親戚の家で養生し健康を回復したが、アメリカへの夢は諦めて就職することにした。折から昭和初期の不況であったけれど、幸いにも数十倍の競争を勝ち抜き、大阪府の警察官となった。

市内警察署を転々として、池田署に落ち着くと地元の地主と親しくなって、借地をして家作をつくり十軒ばかりになっていた。そこで転身を考え、アメリカから新国家満洲国に渡ろうとした。

「満洲国の警察官に何故なろうとしたのですか。それに任地の希望を扎蘭屯としたのはどうしてですか。」

瀬崎は北満の田舎扎蘭屯を希望して来る職員など皆無なのをよく知っていた。その北満の扎蘭屯を水本が選んだのはどうしてか、これは是非きいてみたいと思っていた。

水本ははっきり言った。警察官の身分は特別で、警察官の特権を民衆のために用いればどんな官職より地元の人々と親しい関係がつくれる。扎蘭屯は昭和十年（康徳二年、一九三五年）にソ連から譲渡された土地で、日本人の処女地であると考えたので仕事のやりがいがあると思ったと。

「お話を伺うと単に職業として満洲国の警察にというわけではないようですね。今後の計画でもあれば。」

瀬崎は水本の話のはしばしに満洲に別の目的で渡って来たという感じがした。

ちょっと考えて水本は言った。近い将来ここ扎蘭屯で地元の満人と一緒になって事業をやろうと考えていると。

「それで満人の有力者と親しいのですね。」

その日は、瀬崎はそれだけ水本から聞いて別れた。

瀬崎は水本を省公署に呼ぼうと決めた。

そこで、それから数ヶ月たって水本に会った時、瀬崎は自室に呼び入れてたずねた。

「水本さん、省公署に来ませんか。」

水本は今回は初対面でないので、うちとけた雰囲気で語った。

「申し訳ありませんが、その気は全くありません。」

「そうですか。でも考えてみてください。」

水本は瀬崎と話し合えるようになり、省公署に来ると瀬崎の部屋に寄るようになった。

瀬崎は水本から扎蘭屯の満人をはじめ諸民族の生活をきかされて、この男はどうしても必要だと心に決めるようになった。

水本は話の中で、省公署入りをすすめると決まって断った。

そうして一年近くたった。

瀬崎は水本に言った。

「省公署に来てもらいたい。それについて希望があればどんな条件でもいいから言ってもらいたい。」

水本は少し時間をおいて言った。

「前にも話しましたが、私はこの扎蘭屯で事業をはじめようと考えております。日本にある家作を全部処分して、ここに財を移す計画なのです。まだいつとは決めておりませんが。」

「仕事をやるのですね。協力しますよ。そういうことなら、省公署に籍を置いた方がいいと思いますが。」

水本はそこまで言われて本音をちらりとはいた。

「事をおこす以上、私はこの土地を離れるわけには参りません。それに大きな声では言えませんが兵役にだけはつきたくないのです。兵隊にとられますと事業も何も全部駄目になります。警察官の身分では、今の満洲国では兵役は無関係、それにこの北満に志願して来る警察官もまずいないでしょうから、時が来るまで、じっくり腰をすえて計画を練れます。」

「わかりました。水本さんの考えにそった身分を検討してみます。平《ひら》ではありません。それ相当の役職を用意します。一、二週間、時間をください。」

瀬崎はこういって、その日は水本と別れた。

兵役が免除されて、転勤のない役職、瀬崎はいろいろ思をめぐらした。

奈良の吉野野林学校中退で、いきなり管理職にもって来るのは大変な署内の反発が予想される。ここでは今のところ科長以上の役職は大卒であった。

学歴の方は瀬崎が決すればそれでいいとし、あとは本人の能力次第となろうが、兵役はむつかしい問題だ。

瀬崎は各省の科長以上の役職を調べあげて、これはピッタリという科長職をみつけ出した。

それは関東軍と直接関係をもつ地位であった。

関東軍は北満での対ソ戦の備えを進めていた。

今は瀬崎が関東軍との会議に省を代表して新京に出ているが、この関東軍の関係を受け持つ係を新設しようと瀬崎は考えた。

対ソへの戦略を必要とする省では、動員科長職を設けていた。関東軍の陣地構築などへの労働力を補給する係である。

幸い水本は地元の人間の事情に明るく、彼らのうけも良い。

瀬崎は水本を興安東省の動員科長に任命しようと中央に伺いを立てたところ、対ソ戦を考慮して適当であるとの許可を得ることができた。

瀬崎は水本を呼んだ。

初めて話を持ち出してから、一年半もたっていた。

「水本さん、直接関東軍との交渉にあたる役職はどうでしょう。」

「そういわれても、どんな仕事か。」

瀬崎は笑いながら答えた。

「水本さんにとっては全くむつかしい職ではありませんよ。その一つは、現在月に一度ぐらい新京で関東軍と秘密の会議を持っております。ソ連の出方と対ソ戦についての関東軍の説明などあり、各省のそれへの対応などの検討です。二つには、関東軍は今後、陣地をつくる場合に、わが省から関東軍の要請ある人数の労働者を送り出さなくてはなりません。その動員計画と実施の担当ということになります。この方面は地元の人間と関係が良好な水本さんには適役と思いますが。」

「関東軍との折衝ですか。」

瀬崎は真顔でいった。

「そうです。むつかしい面も多くあります。私に替って新京に行ってもらえませんか。それに各民族のこれという人材を部下に揃えます。役職は聞きなれないでしょうが『動員科長』です。」

動員科長と聞いて水本は対ソ戦の要員だと思った。動員は満人たちを動員することであろう。

水本は瀬崎の顔を見た。目と目が合って、水本はこの参事官と運命を共にしようと決めた。

「随分に身勝手なことを申してきましたが、御配慮いただき感謝いたします。御要請お受けいたします。」

瀬崎は手を出した。二人は堅い握手をかわした。

「うれしいですね。一緒にやりましょう。新国家の建設を。」

瀬崎は一人の心強い部下を得た。

水本は警察署に退職願いを出して、興安東省の職員となった。こんな例はかつてなかった。

瀬崎は水本と相談して、本庁の中の一室を動員課にあてるのでなく、本庁の外に特別の事務所をつくることにした。

門を入って左側に事務所は設けられた。

課員はすべて異民族の人間で、日本人は科長の水本だけであった。十余人の部下がいた。

水本が新設の事務所で科長としておさまったが、会計係の優秀な職員であった香取ふみ子が水本の名が給料支払いの中にないのに気づいた。香取は二百数十名職員の名と給与の額をすべてそらんじていた。

香取は上司にたずねた。

「水本科長の給与の計算がないのですが。」

すると上司はひと言、

「あの人は別わくだ。心配しなくていい。」と。

瀬崎に直結して水本は、関東軍との関係をスムーズに取りはこび、部下の諸族の人間も水本を信頼した。

昭和十七年（康徳九年、一九四二年）に、扎蘭屯の駅の北に信和区と名づけられた新しい官舎がつくられた。

瀬崎は水本に言った。

「信和区の官舎でどれでも自由に、入りたい家屋を選んでいいから、希望をいってもらいたい。」

水本は広い部屋の多い官舎もあったが、それを選ばず普通の官舎に移った。

昭和十八年（康徳十年、一九四三年）になって、戦時体制で興安四省が統一されて興安総省が新設された。

扎蘭屯でも主要な幹部はほぼ全員興安総省に異動し、扎蘭屯の東省には参事官の瀬崎と科長の水本が残ることになった。

日常の業務はすでに軌道に乗っていたので、若干の日系の職員と他民族の職員でうまく運用された。

ソ満国境は一見おだやかであったけれど、関東軍が次々に南方戦線に移される中で、北満では新しいソ連側の動きがあった。

水本は瀬崎に関東軍との会議の報告に行った時、最近の情報としてのソ連側の動きを伝えた。

「特に目立ったソ連側の動きはないようです。しかし、関東軍が注目しているのは、大興安嶺に夜の闇にまぎれてソ連機が飛んで来て、スパイ要員をパラシュートで降ろしていることです。このソ連のスパイはなかなかつかまりません。」

「私もホロンバイルにいて大興安嶺を少しは知っているつもりだが、日本人ではとても無理でオロチョンを使わなければソ連のスパイは捕まらない。いよいよ対ソ戦ですか。」

「関東軍では今のところ対ソ戦を想定しておりませんが、やがてという考えはあるようです。そんな事もあり、私は最近次のような体験をしました。」

と水本が語り始めた。

私の満系の部下が「お願いがあります」といって来た。事情をきくと、親友が満警につかまったという。

そのわけをきくと、親友は近くのロシア人と親しく、そのロシア人からロシア語を習っていて、短い小説ぐらいは読めるようになっていた。

ある日、刑事が来て読んでいた古いソ連の新聞と共に警察に連行された。新聞はソ連のものであったが、もう一〇年も前のものであった。

親友は警察に引っぱられたままで、どうなっているのかもわからないということで、なんとか助けてくださいと頼みに来た。

水本は部下に親友は確かに満洲警察で、憲兵隊ではないだろうな！　と念を押した。

部下は満警に間違いありませんといったので、水本は満警に行った。警察は署長以下全員親しかったので、事情はすぐにわかった。

密告があったそうである。

捕えたわけをきくと、この満人はソ連のスパイだということであった。

どうしてスパイかというと、ロシア語に通じていて、ソ連の新聞を持っていた、それだけのことであった。

少々神経質になっているところへ、ソ連のスパイのたれこみで、すわと逮捕に向ったようであった。

水本が白であると保証して、その男は釈放された。

「この種のことが最近増えています。実際ソ連のスパイが扎蘭屯にも入っているかもしれませんが、無実の人間を疑って捕え、やがて憲兵隊に引き渡されますと問題です。私の力の及ぶのは警察までですから。」

「私も努力しよう。憲兵隊にも注意するよう話しますよ。一般民衆の安全だけは守ってやらねばならない。科長、頼みますよ。」

瀬崎は水本と同じように民族協和の国づくりに心をくばっていた。

8　国境の街、満洲里《マンチュウリ》

昭和十年三月（康徳二年、一九三五年）の哈爾浜鉄道局編の『北鉄沿線概況』から、当時の満洲里を見てみよう。

『位置

駅は北満鉄道の起点にして満蘇国境に接し、市街は丘に囲まれた海抜一九九米の盆地である。

沿革

もとは呼倫貝爾《ホロンバイル》の荒野であったが、一八九八年（光緒二十四年）本鉄道建設と同時にシベリア鉄道の終点、東清鉄道の起点駅として創設された。民国九年支那政府は呼倫貝爾特別區域を設定して此地に県知事を置いた。

気候

最低気温は戸外で零下五〇度に達することもあり、夏季もほとんど暑気を覚えず一言でいうと乾燥寒冷の地である。

人口

満洲人	八九八戸	三一四一人
無国籍露人	四二〇	一五八四
ソ連人	四二八	一四五八
日本人	一七〇	三五八
朝鮮人	三五	七五
満籍露人	一四	六一
其他外国人	一八	五七
計	一九八三	六七三四

以下略――』

満洲里の象徴とも言える満洲里駅は国際駅で、駅舎の南側は満鉄側のホームで標準軌（一四三五ミリ）の線路で、数本の側線が並んでいる。北側はソ連側で、広軌（一五二四ミリ）の線路が国境を経てソ連のアトボール駅まで続いていた。

満鉄を利用した客は列車を降りて駅舎に入って税関室を通り検査を受けて、ソ連のモロトフ鉄道のホームから列車に乗る。モロトフ鉄道からの客は満鉄の場合と同じように税関の検査を受けて満鉄の列車に乗るわけである。

満鉄の国際列車は正確に一日一本であるがソ連のモロトフ鉄道は週二回、しかし冬季のシベリア鉄道は遅延しばしばで、乗客はホテルで休憩か一泊して旅を続けることが多かった。満鉄の満洲里駅長は歴代ハルビン学院の出身者であった。ここではロシア語がたんのうでなくては勤まらないのである。

満鉄側で一日一本の国際列車、ソ連側では週二本の国際列車であるから、満洲里駅は閑散としていた。

ところが、この満鉄満洲里駅にモロトフ鉄道を利用したユダヤ人が次々に降り立った。昭和十五年（康徳七年、一九四〇年）七月中・下旬からユダヤ人の満洲国入りが始まった。

この時、満鉄満洲里駅の駅員は恐らく、駅長すら誰一人この事情を知らなかった。

ユダヤ人の満洲へのビザ（査証）はハルビン学院出身の杉原千畝《ちうね》が発給したものであった。正確に言うと杉原はハルビン学院の前身の日露協会学校の修了生で、ハルビンでユダヤ系のロシア貴族の娘クラウディア・セミヨーノヴナ・アポロノヴァと大正十三年（一九二四年）に結婚した。

二人は別れなければならない理由は何一つなかったけれど、昭和十年（康徳二年、一九三五年）十二月に離婚届を出した。杉原が外務省や陸軍に籍をおいていたことがその理由であろうか。

杉原は昭和十四年（康徳六年、一九三九年）バルト三国のひとつ、リトアニアの首都カウナスの日本総領事代理に就任した。

ヒトラーが政権を握り、ユダヤ人への迫害が公然と行われるようになり、ユダヤ人狩りも組織的に実行され始めた。

リトアニアの日本の領事館にもビザの発給を願うユダヤ人が集まって来た。

日本の外務省はドイツとの関係上、ユダヤ人へのビザの発給を認めていなかった。

杉原は独断でビザの発給を決めて、在カウナス・ソ連領事館に連絡をとり、ソ連が日本政府の発行するトランジットビザを否定しないのを確認した上で、ユダヤ人のビザにスタンプを押し続けた。

昭和十五年（康徳七年、一九四〇年）七月九日から八月二十六日までの間に、杉原は約六〇〇〇人のユダヤ人にトランジットビザを発給した。

満洲里に着いたユダヤ人はとても難民には見えなかった。鉄や角金具を打った立派なトランクを幾つも託送手荷物にしていた。

通関がすむと満洲里ではちょっと高級な駅構内のレストランに駆け込み、ウォツカやワインのグラスを手に乾杯していた。

その一方で、こっそり貴金属を売るユダヤ人もいた。

日本人の駅員はユダヤ人が列車が着くたびに何十人もどっと降りて来るのに驚いていたが、どうしてこんなに沢山のユダヤ人が満洲に入って来るのか不思議に思うだけだった。

駅長ですら入国して来るユダヤ人のトランジットビザが、自分の学校の先輩が押したものとは夢にも思わず、ユダヤ人から御礼のライターをいくつももらっていた。

ユダヤ人たちは人種差別のない満洲国に入って安心し、やがて世界の各地に散っていった。

ユダヤ人の満洲入りがとだえた頃、満洲里駅にとてつもない物の流れが起こって、駅員をあわてさせた。

昭和十四年（康徳六年、一九三九年）八月独ソ不可侵条約が結ばれ、九月には第二次世界大戦が始まった。そして昭和十五年（康徳七年、一九四〇年）九月には日独伊の三国同盟が成立することになった。

こんな国際情勢の中で、シベリア鉄道を利用しての物資の交流が日満とドイツの間で始まったのであった。

ドイツとソ連の関係は良好で、日本とドイツは同盟国であった。

日満からドイツに送られた物資は、

鯨油・鰯油・フカ等の油脂類
大豆・落花生・コプラやその油脂類
銅・錫・タングステン・ニッケル（ドラム缶入南米エクアドル貨幣）
紅茶・生ゴム・マニラ麻等々
ドイツから日満には、
発電所ボイラー・発電機・機械類・アニリン染料等々。
これらの物資はすべて満鉄とモロトフ鉄道の線路軌条のゲージが違っているので、積み替えなくてはならない。
特にボイラーなどは何十トンもある重量品で当初は大型クレーンが設備されておらず満鉄職員を悩ませた。
その上、この中継輸送はいつもドイツ宛の輸出トン数がドイツからの輸入トン数の一〇倍となっていた。
日満側は順調に物資を満洲里駅に集結したが、モロトフ鉄道側の受け入れ貨物が追い付かず、保管倉庫はいつも満杯となった。溢れた貨物は構内に野積みされた。
やがて六〇トンクレーンも設置され、人員も応急に二〇〇人ばかり増員されて、スムーズに物が動くようになった。

ところが昭和十六年（康徳八年、一九四一年）六月二十二日、独ソ戦が始まった。

本社から満洲里駅に、

「独ソ国境で、何事か起きているらしいから注意せよ。」

との連絡があった。

駅ではソ連の放送を傍受して、独ソ戦の開始を確認した。

同時にドイツ送りの車輌はピッタリ止り、二十一日に積み込まれた貨物は一輌残らずソ連領内に運び入れられた。

当時、満洲里からドイツ国境までの日数は六四日が必要とされていたので、ドイツ向けに動いていた列車は二〇数本と考えられ、貨車にして数百輌分、これらはすべてソ連が押収し、ドイツから日満に送られていた機器も同じ運命となったのであった。

満洲里駅では増員した二〇〇名をすべてもとに戻した。

ドイツへの物資の送り出しと、ドイツからの機材の受け入れ作業に多忙をきわめている中、外務大臣松岡洋右が満洲里に姿を現わした。

昭和十六年（康徳八年、一九四一年）三月十七日であった。

早朝到着の大臣一行は、駅の貴賓室で記者会見し、満鉄列車に戻って休息ののち、午後二時、ソ連側の特別仕立ての列車で旗の波に送られて欧州に向った。

この時、電信室で電報の業務にたずさわっていた係の者は松岡の一つの電文を記憶していた。

電文、ユキノヘニヒガ　シノソラヲオガ　ミケリ」ヨウスケ」

宛名は、オギクボ」コノエフミマロ

である。

松岡の心境はどうであっただろうか。

四月二十日に松岡はドイツ、イタリアを歴訪して、帰途モスクワで日ソ中立条約を締結して、満洲里に帰って来た。

その日の様子を満鉄職員坪井憲二は次のように回想している。

「モ鉄（モロトフ鉄道）ホームの、電信室の窓に接するあたりが、特別列車のほぼ停止位置にあたる。窓から見るとホーム一杯に、日の丸の小旗を持つ人々で埋まっている。花束を贈呈する少女、入駅と同時に満鉄社歌を演奏するブラスバンドの面々らがそれぞれ待機し、凱旋将軍を迎えるような雰囲気は、零下の冷たさも吹き飛ぶような熱気に包まれていた。

西方の薄闇から、外相一行を乗せた列車が静かに近付いてくる。皆、固唾を呑んでいる。列車の停止直前バンドの指揮者がタクトを挙げた。とたんに群衆が一斉に歓声を挙げ小旗を振りかざした。

小柄で美髭をたくわえた松岡外相は、大使命を果たした人とも思えず言葉少なに、

『ありがとう』

と、帽子を振って群衆に答え、少女より花束を受け取り、制服、私服で警護する官憲に囲まれ、駅貴賓室へ引き揚げて行った。」

満洲里はソ連と接する国境の街として、静かに昭和二十年（康徳十二年、一九四五年）八月を迎えようとしていた。

その満洲里にはハイラルのような陣地は特別につくられていなかったが、関東軍約一個大隊、それに憲兵隊約一〇名、特務機関若干名、国境警察隊本隊一二〇名ほどが、国境警備と鉄道沿線の治安の維持に当たっていた。

9　ハイラル、軍都として

昭和十年（康徳二年、一九三五年）三月の『北鉄沿線概況』（哈爾浜鉄道局編）から、当時のハイラルを見てみよう。

『ハルビンより七四八キロ、満洲里へ一八七キロ。

位置

満洲里の東南ハイラル河の支流伊敏《イビン》河の左岸に接し、四囲は傾斜のゆるやかな高地（主として砂丘）にかこまれた盆形的平野の中にある。大高原ホロンバイルの中心地である。

沿革

清が天下を統一すると、最初は族長に統治させたが、一七四三年（乾隆《けんりゅう》八年）副都統を置き管轄させ、一九〇七年（光緒三十三年）に巡撫を置き翌年呼倫道台を設けた。一九一四年（民国三年）臨時執政令で呼倫道とし道尹《どういん》を置いて今日に至る。

満洲国建国後興安北分省を新設してホロンバイルの統治に当たらした。

人口

満洲人	八〇一戸	三六五五人
無国籍人	八〇九	三四三六
ソ連人	三七五	一三二九
日本人	一五〇	一〇三六
朝鮮人	四〇	一五〇
満籍ロ人	一七	一三三
其他外国人	一九	四六
計	二二一一	九七八五

満人の多くは山東及山西人で、山東人は主として労働に従事し、山西人は商売を営む。ロシア人の中には多数のユダヤ人、アルメニア人、ダッタン人等いて商業に従事する。その他、遊牧民、狩猟民の蒙古人といわれる索倫（ソロン）鄂倫春（オロチョン）達胡爾（タタール）チプシン、巴爾虎（ブリヤート）それに外蒙古に接したハルハより来た蒙古ブリヤートなど種々雑多の種族が沢山の旗をつくっていた。』

満洲事変の前に、石原の計画に従って板垣が村岡を説得して実施された関東軍参謀旅行で、ハイラル防御まで論じられていた。

北満鉄道が満鉄に属することになり、浜洲線全線でソ連の行政の及ぶ鉄道附属地がすべて満洲国となった。

満洲里は国際都市でソ連と直接国境を接していたので、関東軍はここに永久陣地をつくることは計画しなかった。

そこで大興安嶺をひかえたホロンバイルの中心都市ハイラルを、関東軍はかねての研究どおり一大要塞都市にすることとした。

ハイラルを取り巻く五つの丘を第一地区から第五地区として五つの永久陣地の構築にとりかかった。

昭和十年（康徳二年、一九三五年）から陣地はつくり始められた。

第一地区・安保山陣地

ハイラル河の北にあって、北方は新・旧の三河街道に通じており、旧三河街道は下ハイラル橋からハイラル市内に通じ、新三河街道は上ハイラル橋から農林屯、東山方面に通じている。安保山陣地を中心に河北山陣地、北山陣地、中山陣地が設けられており、周囲に対戦車壕、鉄条網が張りめぐらされていて、北方の固めとされていた。

第二地区・河南台陣地

ハイラル要塞の主陣地。ハイラル駅西北方台地、地下五階層の陣地で、網の目のように地下施設の兵舎、倉庫、通路があった。ここに独立混成第八〇旅団の司令部がおかれることになる。

第三地区・南松山陣地

砂山、西山、松山ともいわれる陣地で、ハイラル西方の丘陵地帯につくられた。浜洲線をはさんで北側を北松山、南側を南松山陣地と呼んだ。満洲里、アムクロ、将軍廟方面よりの敵に備えた。

第四地区・東山陣地

桜台陣地ともいい、伊敏河東岸丘陵地にあり、ハイラルの後方にそなえた陣地である。

第五地区・伊東台陣地

東山陣地ともいい、ハイラル駅東南（鉄道の南側）の丘陵地にあって、東方よりの攻撃と北方から新三河街道をへて上ハイラル橋方面への攻撃を防御するために設けられた。

計画されたとおりの兵力と装備が陣地に施されれば、敵の攻撃に死角のない要塞群であった。ハイラルへの敵は完全に撃退されたであろう。

これらの陣地づくりに多数の満人労働者が使われた。

扎蘭屯の満鉄病院から内地留学を命じられ、長崎医科大学で学位を取得した仙波香介は、本社の療養所勤務の誘いを断って北満の綜合病院帰任を希望した。

本人の希望どおり、ハイラル医院に仙波は勤務することになった。

昭和十七年（康徳九年、一九四二年）であった。

ハイラルで仙波は地下要塞の構築で働く満人労務者が、原因不明の伝染病で次々に倒れていくのを目にし、その治療にあたった。

仙波はそのことを次のように回想している。

「軍は市街を囲む丘陵に広大な地下要塞を構築する為に多数の中国人労働者を使っていた。此の群の中に高熱、貧血、高度の黄疸（しばしば点状皮下出血斑、血尿を伴う）が流行し、死亡率は四〇—六〇％と云われ、通称『山の病気』と呼ばれて恐れられていた。」

要塞づくりに沢山の満人労働者が死亡したと伝えられているが、その死亡の大半はこの「山の病気」なのであろう。

「前医院長兼内科医長の林博士（長大学長、林郁彦氏の甥？）は是を『ホロンバイル黄疸』と名付けて満洲産業医学会に発表され、陸軍の発表した大黒河（勃利《ぼつり》）熱と共に『不明の悪性伝染病』として有名になっていた。

その患者がいよいよ来訪し始めた。成程患者は打ちのめされた様にグッタリして、とても一人で歩ける状態でなく仲間が附添って連れて来ている。一見して重症状態。肝脾の腫張圧痛がある。黄疸、頭痛、四肢痛、眼球結膜の充血。白血球増多と血液像の左傾があるが、最も驚いた事は血液厚滴標本に於て多数のスピロヘータを認めた事であった！　即ち悪性ではあるが再帰熱の一異型である。

日本で見る再帰熱では想像もつかない極悪症状を呈すから、前院長も医員も真逆再帰熱とは思いも寄らなかったのであろう。欧州のオーベルマイヤ型、アフリカのダットニー型、印度のカーテリ型、米国のノウヴィ型スピロヘータ式に区分すれば北満型とか支那大陸型とも称すべきか？　中国人労務者にだけ発生した。

『スピロ』が見付かったと云うので、サルバルサンを注射すれば、時に死亡するのも日本のと著しく異る所である。菌の一斉死亡崩壊による体内毒素の一斉放出が原因であろう。

第一回目の発熱高熱の時には、先ず栄養ビタミン補給、強心に専念し、栄養良転後サルバルサンを用い、死亡は漸次減少した。是は平壌医専出の柴田内科医員の献策に依るもので彼の生死不明は今以て残念である。

　解熱期に初診に来るとスピロヘータは影をひそめて診断は難しい。苦慮の末、急激な赤血球の崩壊、強度の貧血、剖検による諸臓器の粘膜下出血は血清蛋白の大動揺を来して居るはずであると考え、血沈でもいいのだが、貧血状態の現状と採血を嫌う中国人の風習も考慮に入れて、僅かに血液三滴で行えるコスタ氏絮状《じょじょう》反応を試みた。幸い再帰熱に特有と云える程で、軽熱期の腸チフス、発疹チフス、加答児《カタル》黄疸とも鑑別診断出来る。後日チチハルでの北満医学会で報告した。」

　仙波は昭和十八年末（康徳十年、一九四三年）に鞍山満鉄病院に転勤することになるが、その間、ハイラルでの「山の病気」をしずめるのに精力的に取り組み、満人労働者の死亡率を下げたのであった。

　ハイラルの陣地構築は進んだが、ハイラルに駐屯する守備隊、師団は大東亜戦争の激化で要塞装備をそっくり携行して南に転進して行った。

　昭和二十年（康徳十二年、一九四五年）五月にはチチハルの第四軍司令部のもとに、第一一九師団と独立混成第八〇旅団が入ることになった。

　第一一九師団は昭和十九年（康徳十一年、一九四四年）十月二十八日編成完結し、編成定員は約一万八九〇〇名（開戦時ほぼ充足）で、師団長は塩沢清宣《きよのぶ》中将であった。

独立混成第八〇旅団は昭和二十年（康徳十二年、一九四五年）四月二十日編成完結し、編成定員約七〇〇〇名（開戦時は相当過充足）で、旅団長は予備役より応召した野村登亀江《ときえ》少将である。塩沢は現役で、階級も野村の上であったが、陸士、陸大共に野村の後輩であった。

この二人の関係がハイラル防衛に微妙な影響をもたらしたのでは。

関東軍ではハイラルの永久陣地構築と同時に昭和十五年（康徳七年、一九四〇年）から大興安嶺の烏諾爾《ウヌール》地区に三個師団が収容できる大要塞の構築に取りかかった。

しかし主力の第二三師団は昭和十九年（康徳十一年、一九四四年）十月ルソン島に送られ、かわって第一一九師団の編成となった。

そこで大興安嶺の陣地構築は一個師団相当の陣地に変更されて、陣地構築に野村の方に兵員の支援要請があった。

野村はただでさえ兵が不足しているので、支援に兵を派遣するのにちゅうちょしたが、参謀の原博一中佐が両者の関係がまずくならないようにと、野村に助言したので野村は兵を塩沢に送った。

のちに、ソ連軍が攻めて来て兵力の不足を目のあたりにして、野村はふとつぶやいたと言う。大興安嶺の陣地構築に兵を出したのが今になって……と。

第一一九師団ではソ連との国境を流れるアルグン河沿いに卡《か》と呼ばれる監視哨を点々と置

いていた。

北の三河《さんが》方面に三河警備隊が團英敏少佐のもと約四二九名で、八卡、七卡、六卡、五卡監視哨で監視に当たっていた。

加藤監視隊は本部をハイラルに置き、加藤清少尉の指揮で四卡監視哨（稲木重春軍曹以下二〇名）と三卡監視哨（橋本宗於見習士官以下二〇名）の二つの監視哨を管理した。

満洲里近辺の監視と警備には、満洲里向地視察隊が当たった。山田清春中尉以下約四五〇名で本部を満洲里に置き、国境沿いに一〇個の監視哨を設けていた。

旅団長野村が独立混成八〇旅団に着任したのは、ソ連軍侵入の二週ほど前と側近の部下は記しているが、その野村が参謀の原を従えて最初の陣地視察を行ったのが八月二日であった。

この日まで独混八〇旅団の幹部は陣地内に入ったことがなかった。

河南台の主要な施設に修理中立中の札が掛けられていた。発電室もシャワー室、従って陣内は真っ暗闇、おまけに巨大な水槽も空っぽであった。

すべての設備が修理されないまま戦闘に突入することになった。

各陣地の状況もわからずに、手さぐりのような有様で兵士は戦闘配備についた。

関東軍ではソ連軍の侵攻は九月以降と見ていたようで、ここハイラルも戦闘態勢は全く整っていなかった。戦記を見てもハイラルの五つの要塞にどの部隊が入るか、野村着任の日まで決まっていなかったようで、五つの要塞に兵が配備され訓練が行われることもなかったのである。

第一一九師団の兵士は大興安嶺で、せっせと陣地づくりに精を出していた。

ソ連軍の進入の前に、残された記録によればハイラルより西北約二〇〇キロ、満洲里と三河の中間、国境のアングル河畔の丘の上にあった四卡監視哨では、八月九日の四〜五日前から対岸にあったロシア人部落スタロツルハイツイ周辺に急に戦車、トラックが現われはじめた。四卡で即刻本部に情況を報告した。

七日夜半には杭を打ち込むような音も対岸から間断なく聞えてきて、八日は昼間静かであったが、夜になると昨夜より一層激しい音が聞えるので、偵察隊を出したところ、アルグン河に渡橋をつくる工事を行っている。直ちに本部に報告して、全員戦闘準備にとりかかった。

満洲里では扎賚諾爾《ジャライノール》北東の宝冠山から満洲里西方五〇キロの満蒙里山までの国境沿いに一〇個の監視哨を置いていた。

ここでは特にソ連軍の動きが激しいのが見られ本部に報告されていた。

宝冠山監視哨では八月六日頃から河岸までの道路の補修が行われた。七〜八日には歩砲協同の演習が見られた。

満洲里北側一・五キロの小原山監視哨でも八月七日頃から、ソ連兵の結集、移動、陣地の増強が見られた。

ソ連領アトポール駅と六〇〇メートルのところにある瑞宝山監視哨では、八月七日頃からソ連兵員、人馬が移動していると報告した。

満洲里西方一六キロの振武山監視哨では、八月六日頃からソ連兵員の集結、移動があり七日、八日には歩砲協同訓練を行い、国境線を大きく越えて監視哨前面二キロの地点まで進出して来た。

これらのソ連軍の動きはすべて監視哨から電話で本部に伝えられていた。

一体第一一九師団ではソ連軍の動きをどう判断し、この情報を中央に正確に伝えていたのであろうか。

八月九日のソ連軍の進攻に、狼ばいする第一一九師団、独立混成第八〇旅団の姿を見る限り、国境でのソ連軍の動きの精確な情報に、正しく向かい合ったとはとても考えられない。

中央でも多分報告を受けて、これを黙殺したのだろう。

軍の上層部に人はいなかったが、ソ連軍の攻撃を受けた帝国陸軍の兵士は、敢闘精神を発揮して勇猛果敢に闘い、かつての無敵の関東軍の名をはずかしめない戦闘を展開した。

10　昭和二十年（康徳十二年、一九四五年）八月九日

ソ連軍、満洲に進攻する

関東軍ではソ連軍の進入は九月より先と見ていたようだが、独ソ戦に勝利し満洲、日本攻略を進めていたソ連軍では、すでにこの年の七月中旬満洲入りの計画をつくりあげていた。

満洲に三方面から侵入することとし、満洲の西部国境方面にはザバイカル方面軍、第三六軍があてられた。

ザバイカル方面軍司令官エル・ヤ・マリノフスキー元帥は七月中旬、極東ソ連軍総司令官ア・エム・ワシレフスキー元帥と共に、満洲里正面国境のアトポール駅からアルグン河に沿ってナラムト（三河）西方国境のスタロツルハイツイまでの地区を視察した。

そして攻撃を行う第三六軍は、次のような編成であった。

第三六軍の機動支隊は第二〇五戦車旅団、第一五二狙撃連隊（自動車装備）、砲兵連隊、自走砲師団、高射砲連隊、親衛迫撃砲師団、工兵中隊からなる。

進攻は三方面からとした。

南部は満洲里、扎賚諾爾《ジャライノール》方面

中央部はハイラル方面

北部はナラムト方面

実際、攻撃は計画のとおり行われた。

ハイラル戦について軍司令官エル・ヤ・マリノフスキー元帥は、次のように回想している。

「市内高地の永久トーチカにかくれた若干のハイラル守備隊は、決死の抵抗をつづけた。これを撃滅するため、第三六軍は重砲を使用するに至った。

草や灌木がおい茂った、鉄筋コンクリート製の永久トーチカが到るところ削り取られた険阻な丘群で、半円をなしてハイラルを取り巻いていた。山の麓には対戦車壕、有刺鉄条網その他の障害物が、蛇のようにうねっている。それらすべては地形に合わせてうまく偽装され、経験に富んだ鋭い眼だけが、この一見のどかな風景の陰に危険がひそんでいることを見透すことができた。

わが軍の戦車が、ついで歩兵が、市内に突入すると、野村将軍（訳注＝第八〇旅団長野村登亀江少将）の率いる強力な日本軍守備隊は丘の方に退却し、地下道で相互に連絡できる地下深くの永久トーチカの三重、四重の壁の中に立て籠った。

これらの陣地から日本軍丸一個旅団を追い出すことは、容易でなかった。永久トーチカとの戦いの大部分は工兵隊が引き受け、彼らはこの任務を勇敢に進行した。―中略―

ソビエト工兵隊は、ある時は爆薬、ガソリン、手榴弾を使ってトーチカを次々と空中に吹き飛ばし、ある時は白兵戦で敵陣地を占領した。多くの兵士と下士官がハイラルのトーチカ攻略戦では、偵察隊員、爆破隊員として活躍した。ソビエト軍は彼らの高い技術、計算、勇敢さと決断によって、大きな損害なしに永久トーチカの大部分を破壊し、大興安嶺への道を遮ぎるハイラル要塞地帯を占領することができた。」

この記述はおおかた河南台陣地での攻防であろうが、河南台陣地には一個旅団の兵がと言っているが、ここには三〇〇〇人の兵しかいなかった。また、ハイラル要塞地帯を占領することができたと結論づけているけれど、戦闘ではソ連軍は一つの陣地をも攻略できなかったのである。

しかし、ハイラル要塞攻略で圧倒的な火力と兵力を持ちながら、ソ連軍が攻めあぐんだ状況がこの記述から見えてくる。

ソ連軍の進攻について満洲里方面では十分間の攻撃準備の射撃を行うことにし、アルグン河沿いは射撃をせずに奇襲とした。

満洲里の最後

ソ連軍侵入の前日、八月八日小原山監視哨ではいつもは閉ざされているトーチカ窓、砲口、銃眼などが一斉に開かれ、また兵の動きも活発なのが見られると警備隊本部に報告があった。夕方にはソ連機が満洲里の上空を低空で飛ぶのが見られた。

九日午前三時頃、小原山監視哨は砲撃を受け、続いて攻撃となりソ連軍侵入を知らせる信号弾一発を放っただけで消息を絶った。全員玉砕したようである。

瑞宝山監視哨では九日未明、ソ連軍の猛烈な砲撃をうけ、満洲里本部より午前三時三十分頃速やかに帰隊するよう命じようとしたが電話は不通で、全員玉砕したと思われる。

振武山監視哨も九日未明ソ連軍の激しい銃砲撃をうけ、全員玉砕となった。

旭日山監視哨は九日午前三時に砲撃をうけ午前四時歩兵の包囲攻撃の中、満洲里方面に脱出を計ったが死者、不明者多数を出した。

金鶏山監視哨では九日午前四時頃の砲撃と共にソ連軍に包囲、玉砕と判断された。

満蒙里山監視哨は九日午前六時頃、後退しているのが見られたがその後のことはわからず全員不明となった。

満洲里周辺に展開した監視哨は、ソ連軍の侵入と共に砲撃、包囲攻撃をうけて、玉砕したのであった。

満洲里向地視察隊本部ではソ連軍攻撃の一報をうけて、九日午前三時に非常呼集をかけた。同時に砲弾が飛んで来て鉄道隊の兵舎に命中した。

そのソ連軍の砲弾が飛来する中、視察隊隊長山田清春中尉は営庭に整列した兵に、ここでの戦闘をさけてハイラル方面に撤退すると命令し、隊はソ連軍に追われるように満洲里を出た。

隊長は歩兵銃だけで戦車と重武装したソ連軍と戦えば全滅はさけられないし、市街での戦闘は一般市民を犠牲にすることになると判断したようである。

隊は九日夜中十一時頃、扎賚諾爾《ジャライノール》の近辺に着いて、附近の軍や官庁、民間人の集団と合流した。

協議の結果、七台のトラックに負傷兵、民間人二〇〇名を乗せてハイラルに向うことになった。護衛兵一八名、七台のトラックは十日夕方ハイラルに無事着いた。

満洲里ではトラックで脱出しようとした人たちがソ連軍の戦車隊に会って、多くの犠牲者を出した。

一部ではあったが国境警察隊や鉄道警護隊は侵入して来たソ連軍と闘い壮烈な戦死をとげた。

中でも国境の街満洲里で関東軍、満鉄、各官庁などへの通信、命令、指令、伝達の重大な任務についていた電話交換所で使命に殉じた乙女の死があった。

この日の午前八時頃、ソ連軍は満洲里の街に入り電話交換所にソ連兵が乱入した。その時、交換手は各所に連絡する業務に必死に取り組んでいたが、ソ連軍が侵入して来ると感じ次の電文を発した。

「皆様ソ連軍が交換所に乱入しました。通信はもうこれ以上できません。現在八時十分です。皆さん、サヨウナラ、サヨウナラ、これが最後です。」

ソ連兵の銃弾をあびて、交換台を朱に染め生命を落したのは次の六人であった。

吉岡しず子、伊藤豊子、岡登喜子、根本まちの、木佐貫よつ、宇佐美こう。

満洲里の一般人は大半の人がソ連軍の捕虜となり、のちにチチハル、ハルビン方面に移送された。男性はシベリア送りとなった。

10　昭和二十年（康徳十二年、一九四五年）八月九日

死闘・ハイラル

ソ連軍侵入の二週間ほど前に予備役少将独立混成第八〇旅団の旅団長としてハイラルの防衛にあたることになった野村登亀江は、八月二日には参謀原博一を伴って要塞の視察を行い、八月十七日に守備訓練を実施する予定であった。
野村は予備役だったが、旅団長として任につくとすぐにハイラル防衛に取りかかった。参謀の原の考えも入れて、五要塞への人の配分を決めた。

第一地区　安保山陣地
　　竹中虎臣少佐　兵七六〇名
第二地区　河南台陣地
　旅団長　兵三〇〇〇名
第三地区　南松山陣地
　国生岩男大尉　兵一五〇〇名
第四地区　東山陣地
　山岡保三中尉　兵六五〇名
第五地区　伊東台陣地

金井准茂少尉　兵三〇〇名

紙の上での兵の配備をおえて野村は、五つの要塞に兵が入る訓練を実施しようとしていた矢先、ソ連軍の進攻が始まった。

ソ連軍の国境越えの情報は十分師団にも、旅団にも伝わっていなかったようで、旅団の参謀原が師団長塩沢に呼ばれて伝えられたのは八日の十二時近くで、東部国境方面でソ連軍の一部が国境を越えているようだから、非常の事態に即応するよう準備せよということであった。

その頃、四卡の監視哨から目前のソ連軍がアルグン河を渡る工事を行っているとの報が入っているはずだが、原がソ連軍の動きを知ったのは午前三時二十分頃であった。

三卡監視哨から「敵襲々々と叫ぶ声の中に銃声が聞えたが其のまゝ、電話は途絶えた」との報告であった。

この頃、三卡と五卡はソ連軍の攻撃をうけ玉砕している。

原は情報は師団の方が確かだから師団の命令を待つことにした。

四卡では午前五時三十分頃、ソ連軍が戦車を先頭にアルグン河を渡ろうとしているのが見られた。少したって司令部から撤退命令が来て全員監視哨を出たが、二五名の中で生還したのは三名であった。

師団が全軍に非常呼集の命令を下したのは九日の午前四時十五分であった。満洲里の監視哨が次々に玉砕していると言うのに、師団の命令がこれ程おくれたのはどうしたことだろう。

午前五時頃にはソ連軍の飛行機が襲来して、浜洲線の鉄橋に爆弾を投下した。第二波は午前七時四十分頃、第三波は午前十時頃とソ連機の攻撃は続いた。

ハイラルは混乱におちいったが、安藤貞夫副市長が省・市公署の関係者と共に適切な避難の指導を行ったので、ハイラル市民は特別の残留者を除いて全員ハイラル東駅から列車で脱出することができた。

ハイラルでは午後一時三十分過ぎ避難命令が出された。しかし東ハイラル駅から第一回の避難列車が南に向って出発したのは午前十一時であった。また一列車は午後二時四十分、扎賚諾爾《ジャライノール》から脱出して来た婦女子を乗せてチチハルに向った。

午後六時三十分頃、第二回の避難列車が東ハイラル駅から出発し、午後十二時頃、最終の避難列車が南に向った。

ハイラル市民はこうして戦火から逃れた。

師団で非常呼集の命令を下したのが、九日午前四時十五分で、師団長の塩沢は何故か旅団長の野村と連絡もとらずに、午前中に大興安嶺ウヌール陣地に入った。

ハイラル防衛は独立混成第八〇旅団に委ねられた。

難攻不落の永久要塞であったはずのハイラルの五要塞は、第二三師団が南方に転進し、火器類を根こそぎ持ち去って丸裸の状態であった。

野戦重砲は皆無で、わずかに野砲二門が残されていて、これは二地区と三地区に運び込まれた。その他軽迫撃砲二四門、二地区に固定された一〇センチメートル、一五センチメートルの加農《カノン》砲が計五門があったが、加農砲は要塞の中に取り込まれ固定してあって有効に利用できなかった。

兵士に与えられた武器は三八式、九九式小銃と弾三九発、その銃も全員に渡らず、弾も銃にあわないものがあったという。あとは手榴弾二発であった。

戦闘では日本兵はソ連軍陣地への斬込みで、あるいはソ連兵の死者から武器を奪って闘った。

眼鏡付狙撃銃、自動小銃、マキシム機関銃、バズーカ砲などである。

各陣地にソ連軍戦車に対抗できる火砲がなかったので肉弾攻撃がしばしば行われた。

破甲爆雷を用いたり、一〇サンチ野砲弾にガソリンビンを結びつけ、点火と同時に戦車に体当たりするなどであった。

要塞の周囲には何重もの鉄条網が張りめぐらされ、その中に深さ七メートル、幅七メート

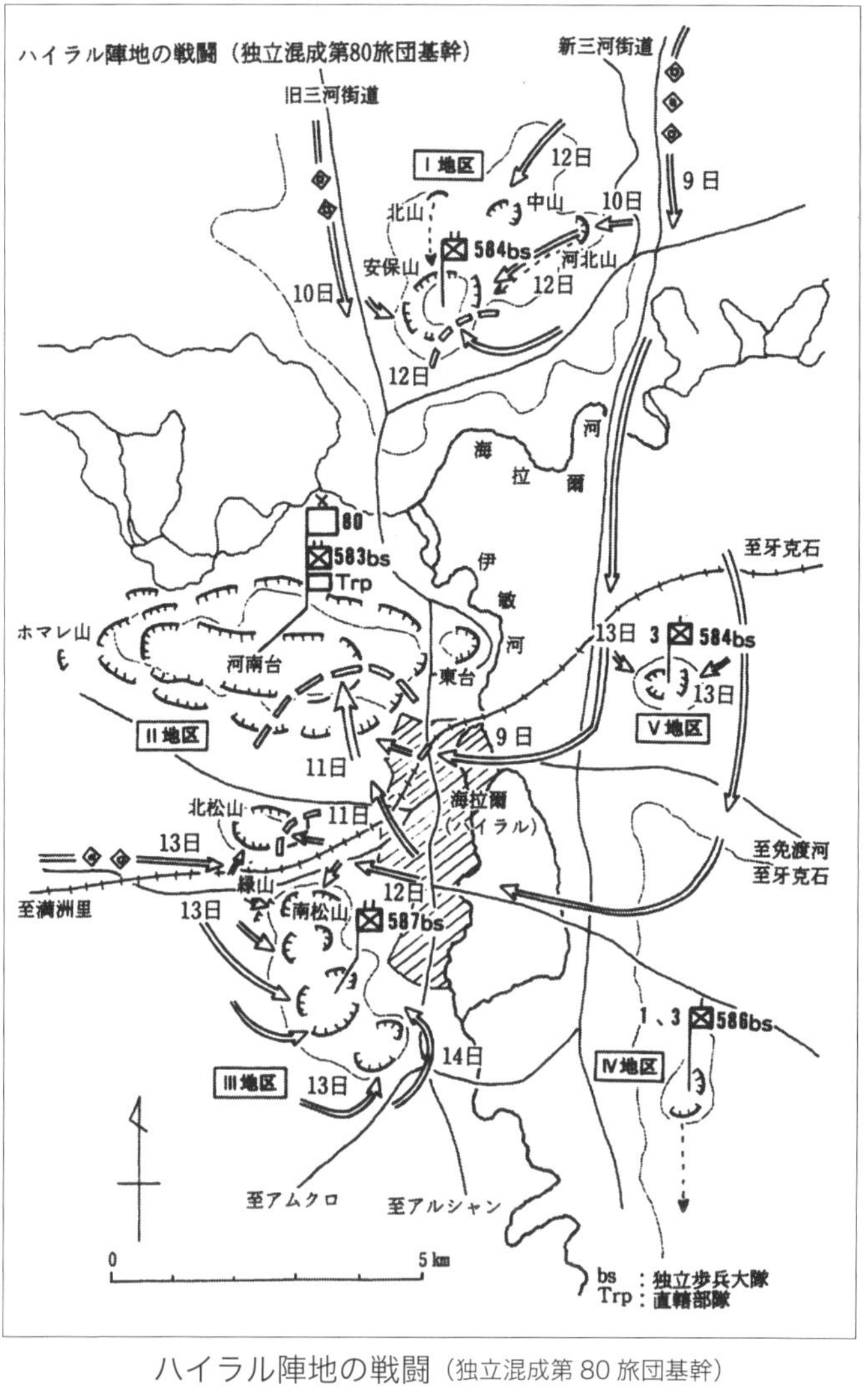

ハイラル陣地の戦闘（独立混成第80旅団基幹）

中山隆志著『ソ連軍進攻と日本軍』より

ルの戦車壕がつくられた。

ソ連軍のハイラル要塞攻撃は九日夜半に、ナラムト（三河）方面から侵入した部隊が、安保山第一地区要塞前に姿を見せた時からであった。他の要塞にソ連軍の接触はなかった。

八月十日
早朝、ソ連軍の砲は第一地区の河北山陣地に向って火を吹き、強力な火器をもってソ連兵が攻撃に移り、たちまち攻略されて三〇名の日本兵は玉砕した。

この日、アムクロ方面より丸山実国境警察隊長は部下、家族と共に昼頃第三地区陣地に無事入った。

ジャライノールを撤退した西江市長の一団も、夕刻第二陣地に収容された。

ソ連軍の本格的な攻撃は十一日より始まった。

八月十一日
第一地区に戦車四〇～五〇輌が攻撃をしかけるが、撃退する、第二地区でも朝から砲二十数門の砲撃があって、戦車三〇～四〇輌で攻めて来て、外郭陣地は突破された。

大興安嶺の師団司令部との連絡が一切とれなくなった。旅団では第二地区に満洲国電電局の協力で局関係者と共に無電機を運び込んだ。そして師団との連絡をとり続けたが、最後まで通じなかった。

八月十二日

第一地区で激戦続く。第二地区攻撃を受け虎の子の野砲が火を吹くが、たちまち破壊される。午前十一時頃、二機の日本軍偵察機が南方より現われ、鉄道に沿ってジャライノール方面に飛び再びハイラル上空を飛んで東方に向い姿を消した。ソ連軍の対空砲火はすさまじかった。第四地区では夜、山岡保三中尉が隊員を集めて、師団の大興安嶺陣地への脱出を命令し、小隊に分かれて夜のやみを利用して移動を始めた。南方約一四キロメートルの梅ヶ丘遊撃拠点で敵に発見され全滅となった。

第二地区ではこの日、旅団長の巡視があった。陣地視察で交通壕が掘られていない場所があり、そこを旅団長は一〇名近い将校を連れて悠々と通った。それを敵の観測所で見ていたのであろう。五分ぐらいたつと猛烈な砲撃が始まった。三メートルの厚さのコンクリートの壁で守られている陣地だが、砲弾が命中して破裂する。軍医で将校としてこの視察についていた軍医中尉の松山文生は旅団長野村に、「君の顔色は大分悪いようだが大丈夫かね。」といわれた。野村は兵の気持を見失わない情の人であり、松山は「智将を旅団長に仰いだ私達は幸せであった。」と言っている。

八月十三日

第一地区では大隊長竹中虎臣少佐が監測孔から敵情を視察し指揮をしていたところ、ソ連軍T34型戦車の主砲七六・二ミリ砲の直撃をうけて戦死した。第二地区ではソ連軍のT34型中戦車が三〇輌ほど並んで砲撃をくり返した。第三地区では、配備された野砲が大活躍した。野砲は主陣地の右前方の南松山陣地に置かれ、満洲里方面から鉄道線路に沿って進んで来た敵戦車を松林にひきつけ、敵戦車七、八輌を擱座《かくざ》させた。このような戦果をあげた一方、第三地区では戦闘が激しくなって敵に外郭の陣地が占領されるようになり、アムクロより避難して来た婦女子五七人が、「戦況は不利、敵の辱めを受けるよりは」と手榴弾で自爆した。第五地区では金井少尉を長とする切込み隊が東山飛行場を襲い、敵軍飛行機一機を爆破して無事帰還した。

八月十四日

第一地区で白兵戦となる。第二地区の主陣地の一部に敵が突入する。第三地区、東南の一角落ちる。第五地区、戦車が陣内に侵入する。

旅団で師団への連絡を計っても連絡がとれなかった。十三日には旅団から師団に連絡将校を送ったけれど、師団には到らなかったようである。

旅団では無線機をずっと働かせてきたが、十四日に「日本がポツダム宣言を受諾した」というハワイ放送を傍受し、極秘のうちに旅団長野村に伝えられた。

八月十五日

ソ連軍の攻撃は第一地区、第二地区、第三地区共に激しかったが、各陣地で白兵戦をくり返しながら敵を撃退していた。

第二地区の旅団司令部の無電室では、満洲電電局から持ち込んだ無電機がモールスの新聞電報を伝え、無線通信隊員が午後二時のNHKラジオ放送臨時ニュースを傍受し、それを速記した。

ラジオ放送は終戦の詔勅を朗読し、阿南《あなみ》陸軍大臣の自刃などを告げた。

これらの情報は直ちに旅団長野村に伝えられた。野村は天皇陛下の詔勅を目にして、これは敵の謀略でなく間違いなく陛下のお言葉であると思った。とすれば師団司令部から連絡があるはずであると、参謀の原にその有無をたずねても、師団から何の指令も来ていないという。無電は要塞に入った時から通じていなかったが、陛下が矛を収めよと申されたのであるから、師団からいずれ連絡があると、野村は詔勅を目にしながらも、独断で戦いをやめることには十五、十六日の両日、踏み切れなかった。

八月十六日

朝からピッタリと敵の攻撃はやんだ。

しかし夕刻から再び敵の砲撃が始まった。

旅団では師団から飛行機を飛ばして連絡があるかもと、終日空を眺めていたが友軍機は飛んで来なかった。

ソ連軍の第三六軍はハイラル戦に、何故かこだわって大興安嶺を越えて東進する作戦には軍を振り向けなかった。

やっと八月十二日になって、第二〇五戦車旅団を東進させて日本軍の守る牙克石《ヤケシ》に到ったのは十三日であった。十五日に終戦の詔勅を受けて第一一九師団がソ連軍に道をあけたので、十六日になってソ連軍は東への道を戦車を先頭に走り始めたのであった。

平穏無事な扎蘭屯

九日の朝、参事官の瀬崎は科長の水本に言った。

「ソ連軍が攻めて来ましたね、扎蘭屯はどうすればいいでしょうか。」

「関東軍との会議で満洲里、ハイラル方面が何度も議題になりました。関東軍はハイラルの要塞も重視していましたが、大興安嶺に大要塞を構築しているので、この要塞でソ連軍を防ぐという計画でした。」

「そうですか。どのくらい持ちますか。」

「それはわかりませんが、さし当り扎蘭屯は大興安嶺での戦闘の様子を見て、どうするか考えればと思います。ただソ連軍が進攻して来たので民心が動揺すると思われますので、ここは省公署がしっかりしなくては。」

「私も同じように考えていました。省公署は通常業務で、警察の方にもそのように伝えましょう。われわれがしっかりしておれば、諸民族も安心して、われわれについて来ましょう。署の方、よろしく頼みますよ。」

瀬崎がどっしり構え、関係機関に冷静を求めて連絡したので、扎蘭屯ではソ連軍侵入の報に諸民族の民も表面は平静を保っていた。

十日になった。

水本が瀬崎に言った。

「軍関係の家族が秘かに扎蘭屯を出て南に向ったようです。それにハイラル方面からの列車が沢山の人間を乗せて駅を通過しています。駅長の金子さんに列車を停めずに南に向わせるようお願いしておきました。水の補給などで停車しても人間を降ろさないようにとも言っておきました。この扎蘭屯に余分の人を受け入れるゆとりはありませんし、ハイラル方面の情況が扎蘭屯に知れると人々の気持がゆらぐと思いまして。」

駅長の金子勝次郎は栃木県の出身で二十年になって扎蘭屯に着任した。

「私の方からも金子さんにお願いしておきます。様子を見ながら計画を二人でたてましょう。」

開戦二日目に関東軍の家族など関係者は安全な南方に脱出した。扎蘭屯の人々は誰一人そのことを知らなかった。また駅をハイラルからの避難民を乗せた列車が次々に通過してゆくのも、社宅や官舎が駅から若干離れていたので噂にもならなかった。

この日、在満扎蘭屯国民学校では、五年以上の男子生徒が集められた。

朝日のてりつける校庭で生徒は小宮深校長先生から話をうかがった。

「諸君、おはよう。昨日ソ連軍がこの満洲に攻め寄せて来ました。ここが戦場になるかもしれません。君たちのお父さん、お兄さんが沢山兵隊となってここにおられません。そこで君たちがお父さんやお兄さんの代わりに、ここを守らなくてはなりません。今日、勤労奉公隊をつくり、君たちがその中心になってもらいます。これから講堂に入って勤労奉公隊の制服をもらい、それを着てもう一度ここに集まってください。」

生徒はどっと講堂に駈け込んだ。汗びっしょりである。男先生は訓導の川崎正次先生を残して全員召集されていたが、この日川崎先生は病で欠席されていたので、女先生が生徒に制服を渡した。

十分後には全員制服姿で校庭に整列した。

制服の上衣には、両胸にポケットが、両脇にポケットと四つポケットがあり、布のバンドで脇の上を締めるスタイルになっていた。

小宮校長先生は生徒を見わたしていわれた。

「君たち、なかなかよく似合うね。勤労奉行隊は今、生まれたのだ。ゲートルはないけれど、それは父や兄のものを使いたまえ。さてソ連軍は戦車と共に攻めて来るだろう。講堂に立てかけてある青年学校で使っている木銃で闘うことになる。その時には、また集まってもらうが、今日はこれで解散。」

帰りながら生徒たちは口々に言った。

「ソ連軍の戦車と闘うのか。木銃で。大丈夫かな。」

「ソ連軍の戦車て、大きいのだろうな。」

信和区官舎の子供たちは、この日の午後、官舎のロータリー予定地で数人の見なれない子供に会って、声をかけた。

「君たち、どこから来たのかね。」

官舎の子供は皆顔見知りだった。

「僕たち、ハイラルから来たんだ。」

「ハイラル、ソ連軍攻めて来たのだろう。」

「それでここに来たのさ。」

「じゃあ、これからここにいるのかね。」

「いや、ここにはいないよ。僕たちはこれから、大興安嶺の関東軍の大要塞に行くのだよ。」

「大興安嶺に要塞、聞いたことないね。」

「あるんだよ。」

ハイラルの子供たちは次の日にはいなくなった。官舎の子供は要塞を信じていなかったが、ハイラルの子がいなくなって本当に要塞に入ったのかとも思った。

十二日になった。

駅を列車が兵隊や一般人を乗せて次々に南に向って通過していた。

瀬崎は打合わせの時、水本にたずねた。

「何か変ったことありませんか。」

「ハイラル方面の情報は部下の伝え聞いたところでは、激戦でソ連軍が苦戦しているとのことです。未だ興安嶺を越えていませんので、この方は様子見というところです。扎蘭屯では、満鉄関係者が南に向いました。満鉄の社宅が無人となったので、ちょっと心配です。ただ、満鉄病院は全員残って医療を続けています。院長篠塚さんは人物で、満洲国が存続する限り、われわれは診療を続けなければならないと言って残留したようです。」

「満鉄病院がそのまま治療を続けてくれるとはありがたいですね。院長の篠塚さんよく知ってますが、扎蘭屯に必要な人です。」

この日、水本は関東軍の陣地構築に送り出した満人労働者との約束の期日であったので、関東軍の陣地構築現場に向った。

水本は最も信頼している満人の部下を一人を連れて行った。

陣地構築の事務所に入って、満人労働者の引き取りに来たと責任者の若い将校に申告した。すると将校はそれをきくと水本をにらみつけて言った。

「連れて帰ることはならん。」

水本ははっきり述べた。

「今日が労働者との約束の日です。満人は約束を守りますので連れて帰ります。」

「貴様、この非常時に何を言うか。」

「なんと言われても連れて帰ります。」

「ならん！　この非国民め、斬ってやる。」

将校は立ち上がり、手にした軍刀の鯉口を切った。

水本はぐっと将校につめ寄っていった。

「斬れるものなら斬ってみよ。」

水本の声と気迫に圧倒されて、若い将校は顔を真っ赤にして、へたへたと椅子に座り込んだ。

水本は何事もなかったように労働者引き取りの書類に署名して、数百人の満人労働者と共に陣地をあとにした。

その帰り道、大草原を歩いている時、突然一機のソ連軍の戦闘機が現われて、水本の集団に機銃掃射をあびせて来た。

「大人、あぶない伏せてください。」

部下の満人が水本の腕を握って引き倒そうとしたが、水本は立ったまま満人労働者が無事かどうか確かめていた。

「呉君、ありがとう。全員無事だった。」

ソ連機は一度の射撃で飛び去った。

水本の将校とのやり取りは、部下の満人によってたちまち街に広がった。

省公署に帰り水本は瀬崎に将校とのことを話した。関東軍からきつい申し入れがあることが間々あったからである。

「それは良かった。満洲国といっても、元々は満人の国であるから彼らの立場を守ってやらなければ。しかし、関東軍にはソ連軍との闘いに勝ってもらわなければならないので協力をしなくてはならない、むつかしいところだが良く筋を通してくれてありがとう。」

信和区官舎の子供たちは夏休みなので、毎日午前中家で勉強して午後から連れ立って、近くのドブ池に泳ぎに行くのを日課にしていた。

国道を造る時、ヤール河の支流をせき止めてできた沼のようであったが、本流とつながっていて水は比較的澄んでいたけれど、子供の間ではドブ池と呼ばれていた。

泳ぎおえて子供たちがカンカン照りの中、国道を歩いていると、いきなりトラックの列が砂ぼこりを上げて走り過ぎて行った。

「関東軍のトラックでないか。昼間に走ることはないのに。」

関東軍の移動はいつも夜間であった。真昼に、それも何台ものトラックが南の方に走るとは。

「トラックの荷台はテントが張ってあって何が乗っているのか見えなかったけれど、兵隊が乗っていたのかなあ。」

「そんなことないぞ。今、興安嶺でソ連軍とやっているんじゃないか。」

次の日の泳ぎの帰りには、面白い飛行機の乱舞を子供たちは目にして大喜びであった。

青く澄んだ空にジュラルミンの飛行機がピカッと光った。

「あ、戦闘機だ。」

「ソ連のかな。」

「良く見ろ、ジュラルミンの飛行機のあとを赤い日本の郵便機が追っているぞ。」

日本の郵便機はいつも扎蘭屯の空を飛んでいたので皆の知っているものだった。

「日本の郵便機がソ連軍の戦闘機を追っているのだ。」

「そのとおりだ。ソ連軍の飛行機は弱いな。」

二機はもつれ合うようにして西の空に消えた。

扎蘭屯でソ連機の機銃掃射のあったのは、十四日の一回だけで、その射撃音は扎蘭屯中に響き渡った。だが被害はなかった。

十五日になった。

終戦の詔勅の玉音放送があると官舎に伝えられたが、十分きき取れなかった。

戦争に日本が敗れたと扎蘭屯の日本人に知れ渡ったけれど、不思議に取りみだした人などはいなかった。満人たち諸民族も平然としていて、騒動など一件も起きなかった。

瀬崎は水本に言った。

「ハイラル方面のソ連軍が大興安嶺を越えて、扎蘭屯に入って来ますね。大体いつと予想していますか。私は十七日とふんでいますが。」

「おっしゃるとおりです。部下の者たちの報告を集めますと、十六日大興安嶺を越えて十七日夕刻、ソ連の戦車隊が扎蘭屯到達となってます。」

「では駅の金子駅長と連絡を密にして、十七日夕方に列車を出せるよう頼んでおいてください。各官舎、社宅の日本人のことは明日以降に決めましょう。」

この日はハイラル方面からの列車が扎蘭屯をどんどん通過した。軍人、一般人が鈴なりになって南に向った。駅員はその応対に大忙しであった。だが官舎や社宅の日本人は普通の生活を続けていた。

扎蘭屯駅ではこの日の終戦の詔勅を駅長室で全職員が集まって聴いた。四月に赴任したばかりの駅長金子であったが、気くばりがよく職員に親しまれていた。皆が悔し涙を流して玉音放送を聴き終ると、駅長金子は日本刀を抜いて空をはらって悔しさをはらした。豪胆なところがあった。

金子は扎蘭屯駅員一二名と共にシベリアに送られ、バイカル湖の近くのハハトイで昭和二十一年（一九四六年）三月四日三十五歳で亡くなった。満鉄魂を持った優秀な駅長であった。

満鉄病院でも全員が集まって玉音放送に耳を傾けたが、聴き終って院長篠塚は、「日本は負けたのだよ。」ときっぱりいって院長室に入った。

院長篠塚はこれで満鉄病院の使命は終ったと心に決めたのであろう。院長室から出て来て職員につげた。

「ソ連の軍隊が間もなく来る。自分の身の回りを整理して引き揚げの準備をするように。」

準備ができると職員は揃って駅構内に入って、奥地から避難して来た人たちに駅員が炊き出しをしていたので、それに協力してにぎり飯づくりに精を出した。やがてこれが最後という列車に乗って、夜中にチチハルに着いた。

院長の篠塚は全員にいった。

「われわれは医療に携わる人間だ。赤十字の精神をもって今こそ率先して仕事に励め。」

篠塚は診療を開設したのち病に倒れ、日本に帰ることはなかった。

水本は金子駅長に列車の確保を頼み、金子は瀬崎、水本の要望を受け入れて、引き込み線に列車を入れて関東軍の将兵に列車の提供を求められても拒否し続けて、扎蘭屯の日本人の避難の足を守った。

瀬崎は日本が敗れても全職員に引き続いて業務を遂行するよう指示した。

瀬崎は水本に言った。

「次の政権に引き渡す書類をつくろう。全職員に告げてもらいたい。われわれの満洲国の行政の正しきことを後世に残さなくてはならない。水本さんも賛成でしょう。」

「大賛成です。部下に申しつけましょう。彼らも喜んで仕事します。この二日間でやりとげましょう。」

この時、興安北省の参事官たちが扎蘭屯で下車して省公署にやって来た。省公署で次期政権に渡す書類などをつくり、仕事を整理しているのを見て、驚いていった。

「そんな事をしているヒマはありませんよ。逃げ出す準備をすべきです。」

瀬崎は笑っていった。

「これは我が省の方針です。最後まで続けます。」

瀬崎と水本の気持は省内の各民族の職員に伝わり、それが扎蘭屯の街に広がっていった。十六日になっても街に不穏な動きは見られず、いつもと同じように商店も開いていた。

ハイラル方面からの列車は十六日夜でほぼ止った。

瀬崎と水本は十六日に相談して、十七日に扎蘭屯の日本人を全員南に送り出すことを決めた。街は静かで、空屋になった満鉄社宅にも夜に一、二空き巣がしのび込む程度で、この国では極めて珍しいことであった。

11　昭和二十年（康徳十二年、一九四五年）八月十七日

停戦の白旗をかかげて、ハイラル

十七日も第一地区、第二地区、第三地区で激しい攻防戦がくりひろげられた。白兵戦がいたるところで行われ、日本兵がソ連兵を陣内から追いたてていた。攻められていても、日本軍の兵士は勝利を信じて勇敢に闘った。武器はソ連軍から得たものが多く、切り込みで奪取したり、ソ連軍の死者から頂戴した。ソ連軍の死者はモンゴル兵が多かった。

旅団長野村は十五日に終戦の詔勅を手にして、これは陛下の御言葉であると信じながらも、師団よりの伝達がないので独断で闘いを止めることはどうかと二日間夜も眠らずに考え続けた。

兵士は負けるなどとは思わず敵と闘っている。この兵士たちの気持は痛いほどわかる。野村は思いめぐらしながら十七日を迎えた。

旅団司令部の第二地区陣地河南台は、敵の猛攻をうけていた。

参謀の原を呼んだ。

「師団からの連絡はないか。」

「はい、ありません。」

野村は原に言った。

「余の独断ですべてを決しよう。」

「どういうことですか。」

「降伏では決してない。前線で闘っている兵士のことを思うと降伏などできない。いいか停戦なのだ。」

「停戦ですか。」

「そうだ。停戦の交渉は参謀に任せる。いいな。」

「承知いたしました。」

十七日には関東軍司令官山田乙三《おとぞう》大将の「関東軍将兵士に告ぐ」が傍受され、野村に渡された。

野村は十七日夜十時、戦闘の中、各部隊長を司令官室に集めて、十五日の終戦詔勅を示して意見を求めた。

部隊長の意見は大きく二つに分かれ、「全員玉砕」と「聖旨奉体」となった。

野村は各部隊長に胸の内をすべてはかせて参謀の原に言った。

「参謀はどう考えるか。」

野村の思いを十分原には伝えてあった。

「停戦と存じます。」

野村は勝利を信じて闘う将兵の気持をくんで、あえて降伏と言わず互格に闘った相手との停戦としたのであった。

「停戦の交渉は参謀にゆだねるぞ。」

第一地区、第三地区、第五地区の陣地とは連絡がこの時とれなかったが、十八日五時停戦が定められ、実行された。

なおハイラルの陣地戦での日本兵の戦死者は九七二名であった。一方ソ連軍の方は記念碑に一三〇〇名の名が刻まれていた。

名将独立混成第八〇旅団長野村登亀江少将は、昭和二十七年（一九五二年）一月三十日脳血栓で雄々しく帝国軍人として永眠した。

参謀原は度々病床の野村を見舞ったという。

ところはハバロフスク第二一分所であった。ハバロフスクの日本人墓地に野村登亀江の墓がある。

第一地区安保山陣地では、停戦を確認した副官の橋口中尉（鹿児島県出身）が竹中大隊長の遺体の傍らで、拳銃で自ら命を絶って従容として横たわっているのが発見された。

ハイラル副市長安藤貞夫も自刃した。

赤旗を手にした満人たちの拍手に送られて!!　扎蘭屯

早朝に瀬崎と水本は省公署に入った。

「ソ連軍の進行状態はどうですか。」

瀬崎はソ連軍の動きを十分計算して、今日扎蘭屯脱出の計画をたてようと考えていた。

「予想どおり扎蘭屯には夕刻になりそうです。部下の情報は確かです。」

水本のところには部下の関係者からの情報が刻々と入っていた。水本と各民族の人々との信頼関係が物を言った。

「では予定どおり、午前十時半に、信和区官舎、河原の官舎、満拓社宅に連絡を出しましょう。四時までに駅に集まるようにすればいいでしょう。」

「結構です。余り早く集めて日本人が全員住宅から出ると、満人たちが騒ぎを起こすかもしれませんから。」

官舎と社宅に午後四時までに駅に集まるよう伝えられた。

省公署では通常の業務が行われていた。

瀬崎は水本に駅長の金子に連絡をして、列車を午後六時頃にホームにつけるよう頼んでおいて欲しいといった。

信和区官舎に十時半過ぎに、四時までに駅に集まるようにとの連絡が省公署から入った。隣組を通してこのことが全戸に伝えられ、官舎は上を下への大騒ぎとなった。どうなるかという不安は皆が持っていたが、まさか今日になって午後四時までに駅に来いとは。驚いていたけれど、誰もがもう一度官舎に帰れると秘かに思っていた。戦乱を知らない日本人である。

信和区官舎では午後二時頃、先頭の隣組が一団となってゆっくり駅に向って歩き出した。いつもは官舎の日陰にござを敷いて涼んでいる頃である。

日傘をさした長い帯のようになった女子供の列が、暑い夏の太陽をいっぱいにうけてのろのろ進む。

やがて右手に小学校が見え、満鉄社宅が並ぶポプラの並木道に入って、日傘は閉じられた。

もう駅は目の前である。涼しい風に元気づけられて駅のプラットホームに登った。

沢山の人が集まっていた。駅前のロータリーに一台のトラックが停まっていて、満人の子供が二、三人荷台に乗って何か手にかかえていた。

ずっと早くに缶詰をいっぱい積んだトラックが一台、ロータリーにつけられ、日本人に自由に缶詰を持っていっていいと告げられたそうで、珍しい缶詰は全部日本人の手に渡って、鰯など人気のない缶詰がトラックに残されているということだった。満人の大人は日本人の物を盗むのをためらい、子供を使って缶詰を持ち出させているのだった。

この満人の子供を誰もとがめなかった。

どうやら一番遠い信和区官舎の住人が最後に駅に着いたようだ。

駅に来てみたが列車はない。

街は静かだし、駅のホームは陽気な日本人の若い奥さん方の声と子供のはしゃぐ声でにぎやかである。この先どうなるのか誰もわからなかったけれど、それを気にしている人は全くなかった。

家財を置いて官舎を出るのは初めてのことで、もう一度帰ってこられるぐらいに思っている人が大半であった。

省公署では瀬崎と水本が話し合っていた。

「いよいよソ連軍の戦車が近づいて来ているようですね。水本さん、職員に給与を数ヶ月分与えてください。そしてこれで業務をやめとしましょう。職員を帰らせたら、いよいよわれわれの脱出の番です。駅の方はいいですね。」

「金子さんには何度も連絡してあります。六時に列車をホームに入れて、七時過ぎ南に向うようにと。列車はできる限り南に走らせて大連まで行ければと考えています。」

「私は列車で下らず、ここに残してある二台のトラックで、興安北省の連中と南に向いますので、列車、列車、お願いします。」

「では給与を職員に渡し、一応本日の業務は終りといっておきます。」

水本は職員に給与を取りに来るよう伝え、滅亡した満洲国の貨幣が通用するのかどうかと思いながら、一人一人にねぎらいの言葉をかけて数ヶ月分の給与を渡した。

どの民族の職員もこれが最後と思っていたのだろう、水本の手を強く握り感謝の言葉を残して去って行った。

水本が報告に瀬崎のところに行くと瀬崎はいった。

「金庫を閉るとき、いくらでも欲しいだけの金を持って行ってもいいですよ。鍵は私の方に持って来てください。」

水本はどうせ通用しない満洲国の紙幣だと思いながら、一万円だけ日本てぬぐいにつつんで腰に結びつけて持ち出した。

瀬崎に鍵を渡しながらいった。

「部下の情報では七時頃には出ませんと、ソ連軍の戦車が来ます。くれぐれもお気をつけてください。今から武器庫にこの二丁の拳銃、収めて駅に参ります。汽車は七時過ぎ出します。向こうでお会いしましょう。」

「列車ができるだけ南に進めればいいのですが。ではまた。」

二人は握手をかわして別れた。

省公署から駅までは一本道だが、今は人影は全くなかった。日没には未だ時間があったので明るい空の下、水本はひとりでゆっくりと駅まで歩いた。

水本がプラットホームに登ると、信和区官舎の派出所の安倍巡査が水本の姿を目にして、急いで近づいて来た。

「科長、ご無事でしたね。」

「官舎の皆さん、全員駅に着いてますね。」

「大丈夫です。私が最後に官舎を離れましたので。」

「そうですか。御苦労でした。」

安倍は水本にそれ以上しゃべらさないで、勢い込んで語った。

「科長、驚きました。官舎の人たちが一人残らず官舎を離れるのを私は見守っていました。ではこれでと思って北の方の家に目をやると、なんと満人たちがひとかたまりになって官舎に入って行くではありませんか。私は拳銃を手に、官舎の北東方向に歩いて行きました。私の死角になっていた官舎には満人がいっぱいです。私の顔見知りの満人もいるではありませんか。私は殺しては可哀想と思い、空に向って一発放ちました。すると満人たちはくもの子を散らすように逃げて行きます。

こんなに沢山の満人相手では、とても私の手におえません。私は早々に駅に退散して来ました。役目が果たせず申し訳ありません。」

「そうでしたか。戦乱の民ですから、無人の家には自由に入って物を盗るのが常識なのでしょう。よく官舎を護ってくださった、御礼申し上げます。」

「しかし、あの日頃善良な人々が略奪を働くとは考えられません。決して暴徒ではないのです。」

「ここは日本でなく満洲です。ごゆっくりしてください。」

駅に街中の日本人が集まった。

夕日が西の山に沈もうとしていた。

金子は約束のとおり六時過ぎに列車を引き込み線からホームに動かした。

静かな夕暮の中、汽笛を落した旅客列車が白い蒸気をあげた機関車に引かれてホームに入って来た。

どこに列車が向うかも知らされないまま、隣組ごとに列車に乗り込んだ。ゆったりと座席に腰をおろし、窓から迫って来る夕闇を眺めていた。

もうオニホーあたりまでソ連軍の戦車が来ているのではないか。

列車はようやく無人の駅をあとに、ゆっくり動き出した。

車内は静まりかえっていて、ただ車輪のゴトン、ゴトンという単調な響きがレールから伝って来たが、突然ラバウル小唄の替え歌を誰かが口ずさみ、それがやがて車内の大合唱となった。

「さらば扎蘭屯またくるまでは
しばし別れの……」

二回、三回と歌はくり返えされて、車内は静かになった。

扎蘭屯にもう帰って来られないという思いが人々の心の中におこっていた。

でも誰一人傷つくこともなく、みんな揃ってソ連軍の戦車に追われるようであっても、扎蘭屯を離れることができたのであった。

省公署では二台のトラックに瀬崎はじめ興安北省の関係者が乗り込もうとしていた。興安北省の中に二人の大同学院を出た人間がいた。

二期生（拓大卒）の滝川惇と一二期生の安達為也（中大卒）である。

滝川は蒙古の徳王政府に入り、ついで建国大学の四期生の塾長をつとめて、興安北省の参事官となった。

滝川がトラックに乗ろうとすると建国大学二期生の蒙古人学生傑爾格勤《じゃるから》が叫んだ。

「先生、危ない、早く、早く逃げてください。」

滝川は急いでトラックに乗り、傑爾格勤に手を振った。

瀬崎らの二台のトラックが省公署を出ようとする時、沿道にはソ連軍歓迎のために赤旗を手にした満人たちがぎっしりつめかけていた。

ソ連軍の戦車は扎蘭屯の郊外に迫っていた。二台のトラックは省公署を出て、赤旗の波の中に入った。

すると突然、その赤旗の満人の一人がトラックの日本人に拍手を送った。すると並んでいた満人たちが一斉に拍手を始めた。拍手はトラックと共に満人の群衆の間に広がった。

安達は、最初は『嘲笑か』と疑ったが、トラックが前を通ると拍手がわき起こるので、やっと『日本人に対して感慨を込めた送別の拍手あることが面持ちからはっきりと見てとれた』と感じ、トラックの日本人も赤旗を手に拍手を送る満人たちに手を振って答えたのであった。

トラックはやがて群衆の間を通り抜けて、フルスピードで南へと走り扎蘭屯の灯も次第に遠ざかっていった。

安達は言う。

「十有四年の満洲国政治の善し悪しは、後世の史家が判断してくれるであろうが、あの拍手の音だけは、私の歴史の中に長く止めておきたい。」と。

ロシア人、満人、蒙古人、朝鮮人、それに日本人などさまざまな民族が雑居していた扎蘭屯に一〇年余りの歳月であったが、着実に民族協和の種はまかれ、育ちつつあったのであった。

昭和二十年（康徳十二年、一九四五年）八月十七日、満洲のどこにこの扎蘭屯の姿が見られたであろうか。

これは満洲帝国の掉尾《とうび》を飾る真実の情景である。

独立混成第八〇旅団の敢闘を讃《たた》え、感謝する

ソ連軍は日本軍のハイラル要塞を一撃で攻略できるとでも思ったのだろうか。攻めて日本軍の頑強な抵抗にあって、戦いは日本軍の停戦交渉軍使のソ連軍への派遣で八月十八日ようやくおさまった。

八月十五日、日本の敗戦でソ連軍戦車軍団は十六日にチチハルへの進撃を始めた。

こんなわけで八月十七日夕刻、ソ連軍の戦車がやっと扎蘭屯の郊外に到達したのであった。

ソ連軍が日本軍のハイラル要塞を迂回して、真っ直ぐ大興安嶺を突破してチチハルに向えば、おそくとも八月十三日には扎蘭屯は、ソ連軍戦車のキャタピラに踏みにじられていたことだろう。

ところがソ連軍は日本軍の要塞せん滅にとりつかれたようだった。守る日本軍は戦力で格段の差をつけられていたが、戦車と重砲のソ連軍に一歩も引かず果敢に戦った。三八銃と手榴弾の日本兵は、やがて夜襲で奪い、あるいは敵の戦死者から拾いあげたソ連軍の武器を手にして戦った。

第一一九師団からの連絡もなく、孤立した中での戦いであったが、兵士に負けるなどいう

気持はまったくなかった。

旅団長野村登亀江少将は八月十五日、天皇の詔勅を目にして二日間悩み抜いて、師団からの指示もないまま独断で停戦に踏み切った。

野村は闘っている兵士の気持に思いを寄せ、なおかつ互角に戦闘している以上、降伏でなく停戦の使者をソ連軍に送ることを決めた。

八月十七日、夜であった。

この日の夕、扎蘭屯では日本人市民が一人も傷つくことなく、平穏無事に扎蘭屯を列車で離れた。

これはハイラルでの独立混成第八〇旅団の兵士の闘いがあってこそ、初めて実現したのであった。

われわれ扎蘭屯の日本人市民は独立混成第八〇旅団の兵士に心から感謝し、戦場に散華《さんげ》された九七二柱の英霊に哀悼の誠を捧げる。

しめ

それはドン・コサック隊長エルマクのウラル山脈越えから始まった。終着は人類の有史この方、夢みつつも実現されなかった民族協和の満洲国の誕生であった。

昭和史研究の泰斗、慶應義塾大学中村菊男教授は著書『満州事変』でこう述べている。

「事変の原因となった諸般の事情をいろいろと考えあわせてみると、結論を出すことは非常にむつかしいが、簡単にいえば、満州事変は避けることができなかったといえる。すなわち、宿命的なものであったと判断せられる。」

天才的戦略家関東軍司令部作戦主任参謀石原莞爾中佐と関東軍高級参謀板垣征四郎大佐が満洲事変をすすめたかに見られがちだが、関東軍司令官本庄繁中将の存在がなければ、満洲国は生まれなかったであろう。

薩・長軍閥にかかわりなく、皇室を崇敬する生粋の帝国軍人本庄繁は生命をかけて決断した。
昭和二十年（一九四五年）八月十九日、マッカーサー司令部が十七日に日本政府に通達した戦争犯罪人一一名が発表された。
本庄は遺書を残して二十日、自刃した。
遺書にいう。
「～前略～満洲事変ハ排日ノ極鉄道爆破ニ端ヲ発シ関東軍トシテ自衛上止ムヲ得サルニ出テタルモノニシテ何等政府及ヒ最高軍部ノ指示ヲ受ケタルモノニアラス全ク当時の関東軍司令官タル予一個ノ責任ナリトス
爰ニ責ヲ負ヒ世ヲ辞スルニ当リ謹テ
聖寿ノ万歳国体護持御国ノ復興ヲ衷心ヨリ念願シ奉ル」

生まれた満洲国の政治体制は多くの人が共和制を望み、帝政は廃帝溥儀のわずかな側近者だけであった。論議ののちに溥儀は執政におさまり、本庄は期限を設けず、「善政だと判断されれば」帝政移行もあり得るという程度に帝政をみていたが、溥儀は手をつくして官僚の支持をとりつけ、本庄が二年と言ったとして皇帝の座についた。
溥儀の皇帝はこの新しい国の、最初のボタンの掛け違いであった。

新生国家満洲に最初に注目し、脅威を感じこれを抹殺しようとしたのは、中国の共産党であった。

満洲国では大同学院を設立して、新国家民族協和の精神で国家建設にあたる人材を育て全国に送り出した。

牧民官として地方に散った民族協和と王道楽土の新国家づくりに情熱をもやした青年たちは、人々のために善政をしいた。

この国では反満抗日などには厳しく当たったけれど、信仰は自由で、五族協和の旗のもと少数民族の生存・共存が保障され、基本的人権はまもられていた。

中国本土から数百万人の人々が満洲に移って来た。満洲国は喜んでこれらの人々を受け入れた。

その一方で、石原が「軍人と官僚のお古はこの国にはいらない」と言っていた官僚が大量に日本から入って来た。これがこの国のボタンの掛け違いの二つ目である。

ともあれ満洲の目指す五族協和の王道楽土と、共産党の政権は真っ向から対立していた。

共産党の政権はすべての政治権力を共産党に集中して、一切の反対派を認めず、この政権には基本的人権は存在せず、民族協和などあるはずがなかった。

政権こそとっていなかったが中国共産党は隣国に満洲国が生まれ育つのを恐れた。

中国共産党は軍閥の寄せ集めのような蔣介石政権は軽く見ていたが、出現した五族協和を着実に現実化し、王道楽土を築こうとする満洲国は、どんなことをしても存在させてはならないと考えていた。

中国共産党の危惧は一四年で地上から満洲国が姿を消して、ついえ去ったように思われるかもしれないが、歴史はやがて一四年の満洲国と中国共産党の政権に公正な判断を下すであろう。

書きおえて、故中村菊男先生、故伊東六十次郎先生はじめ、扎蘭屯省公署・故香取ふみ子、清野正義、満鉄扎蘭屯駅・故祖母井寛、故髙嶋孝一、扎蘭屯満鉄病院・佐々木(旧姓仙波)䔥《あさ》子、建国大学・故村上和夫、故藤森孝一、故桑原亮人、入江俊輔、遠藤文夫、鈴木昭治郎、大同学院関係・岡部滋、扎蘭屯小学校・故岡本熙、故鈴木実、故制野正、神名(旧姓中村)はるみ、篠塚堅、久米宏、関二夫、片岡(旧姓伊藤)清子、久保嶋好弘、小袋宏毅の皆さんに御助言と資料の提供をいただきましたことに謝意を表します。

最後に鳥影社社長百瀬精一さん、そして校正の矢島由理さんをはじめとしてスタッフの皆さんのお力添えで本書を世に出すことができました。厚く御礼申し上げます。

とりわけ編集長の小野英一さんには満洲への深い理解と適切な御指摘をいただき感謝いた

しております。ありがとうございました。

平成二十七年（二〇一五）十二月八日

源　元一郎

参考書目

駒井徳三『大満洲国建設録』（中央公論社、昭和八年二月）
白雲荘主人『張作霖』（昭和出版社、昭和三年八月）
哈爾浜鉄道局『北鉄沿線概況』（哈爾浜鉄道局、康徳二年三月）
飯田弘治『南満洲鉄道株式会社二十年略史』（南満洲鉄道㈱、昭和二年四月）
ロマノフ著、大竹博吉監修『露西亜帝国満洲侵略史』（ナウカ社、昭和九年七月）
及川儀右衛門『満洲通史』（博文館、昭和十年四月）
木崎純一『掌中満洲國全圖』（伊林書店、昭和十三年三月）
稲葉岩吉『増訂満洲発達史』（日本評論社、昭和十五年四月）
矢野仁一共著『満洲の今昔』（目黒書店、昭和十六年九月）
矢野仁一『満洲近代史』（弘文堂書房、昭和十六年十二月）
石原莞爾『世界最終戦争』（新正堂、昭和十七年四月）
日野岩太郎『西北満雁信』（育英書院、昭和十八年九月）

矢野仁一『満洲国歴史』（目黒書店、昭和八年九月）
伊東六十次郎『ロシアの太平洋侵略史』（日本生活問題研究所出版局、一九八〇年五月）
辻　政信『亜細亜の共感』（亜東書房、昭和二十五年十二月）
高木清壽『東亜の父石原莞爾』（錦文書院、昭和二十九年四月）
山口重次『悲劇の将軍 石原莞爾』（世界社、昭和二十七年十月）
藤本治毅『石原莞爾』（時事通信社、昭和三十九年三月）
杉森久英『夕陽将軍小説石原莞爾』（河出書房新社、昭和五十二年七月）
三品隆以『我観石原莞爾―世界絶対平和と民族協和の理念』
（三品隆以著作刊行会、昭和五十九年三月）
佐治芳彦『天才戦略家の肖像石原莞爾』（経済会、二〇〇一年十月）
白土菊枝『将軍石原莞爾その人と信仰に触れて』（将軍石原莞爾刊行会、平成四年八月）
村上知行『北京十話―その十年の証言』（現文社、昭和四十二年十二月）
古海忠之『忘れ得ぬ満洲国』（経済往来社、一九七八年六月）
星野直樹『見果てぬ夢満州国外史』（ダイヤモンド社、昭和三十八年九月）
中村菊男『満州事変』（日本教文社、昭和四十年二月）
片倉　衷『回想の満洲国』（経済往来社、一九七八年三月）

日本国際政治学会太平洋戦争原因研究部編『太平洋戦争への道第一巻／第二巻』（朝日新聞社、昭和三十八年二月／昭和三十七年十一月）
建国大学四期生『楊柳《どろやなぎ》』創刊号（建国大学四期会、昭和三十四年五月）
鈴木昭治郎『建国大学蒙古学生一覧』（建国大学同窓会、平成二十年八月）
郡司　彦『興安友愛の記（下巻）終りあれ満洲帝国』（自費出版、昭和四十五年十月）
仙波香介『アジアの一隅にて』（長崎医科大学昭六会回顧五十年、昭和五十六年五月）
仙波香介『止むを得なかった専門外への手出し』（愛媛県医師会、昭和五十七年八月）
大同学院史編纂委員会『大いなる哉満洲』（大同学院同窓会、昭和四十一年十一月）
大同学院史編纂委員会『碧空緑野三千里』（大同学院同窓会、昭和四十七年十一月）
五味川純平『虚構の大義』（文藝春秋、昭和四十八年二月）
伊東六十次郎『満洲問題の歴史』上下（原書房、一九八三年十二月）
越沢　明『満州国の首都計画』（日本経済評論社、一九八八年十二月）
秋永芳郎『満州国虚構の国の彷徨』（光人社、一九九一年一月）
中村勝範編『満州事変の衝撃』（勁草書房、一九九六年五月）
山口重次『満洲文庫１　満洲建国と民族協和思想の原点』（大湊書房、昭和五十一年七月）
山口重次談話記録『満洲事変満洲建国秘談・資料』（大湊書房、昭和五十五年四月）

山口重次『資料 満洲建国への遺書 第一部―民族協和から東亜連盟へ 石原莞爾とともに―』（大湊書房、昭和五十五年十月）
山口重次『満洲建国満洲事変正史』（行政通信社、昭和五十年三月）
金井章次・山口重次共著『満洲建国戦史 満洲青年聯盟かく戦えり』（大湊書房、昭和六十一年十月）
松井仁夫『幻の惑星馬占山―満州建国の記録』（大湊書房、昭和五十二年八月）
林 政春『満州事変の関東軍司令官本庄繁』（大湊書房、昭和五十二年十一月）
満洲国史編纂刊行会編『満洲国史総論』（満蒙同胞援護会、昭和四十五年六月）
渡辺 諒『満鉄史余話』（龍溪書舎、一九八六年十月）
源元一郎『赤い夕陽よ』（鳥影社、二〇〇三年四月）
財団法人満鉄会編『満鉄四十年史』（吉川弘文館、二〇〇七年十一月）
芳地隆之『満洲の情報基地ハルビン学院』（新潮社、二〇一〇年八月）
坪井憲二『満洲里残照―最涯の町に』（洛西書院、平成六年八月）
アンゼルスカヤ会苦闘の誌出版部『二重の窓―ホロンバイル・シベリア苦闘の誌』（苦闘の誌出版部・委員会、昭和六十一年五月）
ハイラル・シベリヤ戦友会『海拉爾・興安嶺慰霊の旅』（ハイラル・シベリヤ戦友会、昭和五十九年十月）

門脇朝秀『血を吐く黒龍』（あけぼの社、昭和五十七年二月）
中山隆志『ソ連軍進攻と日本軍―満州―1945・8・9』（国書刊行会、平成二年八月）
志賀清茂ほか『あゝハイラル第八国境守備隊顚末記』（光人社、一九九二年三月）
マリノフスキー著、石黒寛訳『関東軍壊滅す―ソ連極東軍の戦略秘録』
（徳間書店、昭和四十三年二月）
松山文生『満洲ハイラル戦記』（自費出版、平成六年八月）
海拉爾小学校同窓会報復刻版『草原明珠』（海拉爾小学校同窓会、二〇〇一年十月）
小袋比紗子『雛の宿』（裏山書房、平成十九年十二月）
水本　務『吉野古道・車坂今昔』（㈲みずもと出版局、平成二十三年十月）
扎蘭屯小学校同窓会『旧満州扎蘭屯回顧録』（丸善名古屋出版サービスセンター、平成八年二月）
扎蘭屯小学校同窓会『遙かなる満州扎蘭屯』（扎蘭屯小学校同窓会、平成十七年五月）
扎蘭屯小学校同窓会『この土地を生き抜いた証』（扎蘭屯小学校同窓会、平成二十二年九月）

中文

扎蘭屯市旅遊局『扎蘭屯旅遊』（扎蘭屯旅遊局、二〇〇〇年五月）

主編孫邦『植民政権』（吉林人民出版社、一九九三年十月）
主編孫邦『九・一八事変』（吉林人民出版社、一九九三年十月）
姜念東他『偽満州国史』（吉林人民出版社、一九八〇年十月）

〈著者紹介〉

源 元一郎（みなもと げんいちろう）

昭和9年（1934年）生まれ。
奇しくもこの年、満洲帝国建国（康徳元年）。父に従って満洲に渡る。
少年時代、白系ロシア人、満族、漢族、蒙古族とともに暮らす。
昭和20年（1945年）、日本の敗戦により斉斉哈爾《チチハル》に避難し、
昭和21年10月8日、胡盧《コロ》島を経て、九州・博多に上陸、帰国する。
博物館学芸員の資格を、佛教大学で取得する。
中国、明代・清代の書、畫を研究。
著書『赤い夕陽よ』（2003年 鳥影社）
　　『荀 彧』（2014年 鳥影社）

満洲のミラクル
昭和 20 年 8 月 17 日
（康徳12年、1945年）
民族協和・扎蘭屯《ジャラントン》

定価（本体1500円+税）

乱丁・落丁はお取り替えします。

2015年12月 8日初版第1刷印刷
2015年12月17日初版第1刷発行
著 者 源元一郎
発行者 百瀬精一
発行所 鳥影社 (www.choeisha.com)
〒160-0023 東京都新宿区西新宿3-5-12トーカン新宿7F
電話 03(5948)6470, FAX 03(5948)6471
〒392-0012 長野県諏訪市四賀229-1(本社・編集室)
電話 0266(53)2903, FAX 0266(58)6771
印刷・製本 モリモト印刷・高地製本

ISBN978-4-86265-541-7 C0020